AF168261

Gerechter Frieden

Reihe herausgegeben von

Ines-Jacqueline Werkner, Forschungsstätte der Evangelischen
Studiengemeinschaft e.V., Heidelberg, Deutschland

Sarah Jäger, Theologische Fakultät, Friedrich-Schiller-
Universität Jena, Jena, Deutschland

„Si vis pacem para pacem" (Wenn du den Frieden willst, bereite den Frieden vor.) – unter dieser Maxime steht das Leitbild des gerechten Friedens, das in Deutschland, aber auch in großen Teilen der ökumenischen Bewegung weltweit als friedensethischer Konsens gelten kann. Damit verbunden ist ein Perspektivenwechsel: Nicht mehr der Krieg, sondern der Frieden steht im Fokus des neuen Konzeptes. Dennoch bleibt die Frage nach der Anwendung von Waffengewalt auch für den gerechten Frieden virulent, gilt diese nach wie vor als Ultima Ratio. Das Paradigma des gerechten Friedens einschließlich der rechtserhaltenden Gewalt steht auch im Mittelpunkt der Friedensdenkschrift der Evangelischen Kirche in Deutschland (EKD) von 2007. Seitdem hat sich die politische Weltlage erheblich verändert; es stellen sich neue friedens- und sicherheitspolitische Anforderungen. Zudem fordern qualitativ neuartige Entwicklungen wie autonome Waffensysteme im Bereich der Rüstung oder auch der Cyberwar als eine neue Form der Kriegsführung die Friedensethik heraus. Damit ergibt sich die Notwendigkeit, Analysen fortzuführen, sie um neue Problemlagen zu erweitern sowie Konkretionen vorzunehmen. Im Rahmen eines dreijährigen Konsultationsprozesses, der vom Rat der EKD und der Evangelischen Friedensarbeit unterstützt und von der Evangelischen Seelsorge in der Bundeswehr gefördert wird, stellen sich vier interdisziplinär zusammengesetzte Arbeitsgruppen dieser Aufgabe. Die Reihe präsentiert die Ergebnisse dieses Prozesses. Sie behandelt Grundsatzfragen (I), Fragen zur Gewalt (II), Frieden und Recht (III) sowie politisch-ethische Herausforderungen (IV).

Ines-Jacqueline Werkner
Hrsg.

Debatten um die Wehrpflicht

Friedensethik nach der
Zeitenwende • Band 2

Springer VS

Hrsg.
Ines-Jacqueline Werkner
Arbeitsbereich Frieden
Forschungsstätte der Ev. Studiengemeinschaft
Heidelberg, Deutschland

ISSN 2662-2726 ISSN 2662-2734 (electronic)
Gerechter Frieden
ISBN 978-3-658-48598-6 ISBN 978-3-658-48599-3 (eBook)
https://doi.org/10.1007/978-3-658-48599-3

Die Deutsche Nationalbibliothek verzeichnet diese Publikation in der Deutschen Nationalbibliografie; detaillierte bibliografische Daten sind im Internet über https://portal.dnb.de abrufbar.

Planung/Lektorat: Jan Treibel
Springer VS ist ein Imprint der eingetragenen Gesellschaft Springer Fachmedien Wiesbaden GmbH und ist ein Teil von Springer Nature.
Die Anschrift der Gesellschaft ist: Abraham-Lincoln-Str. 46, 65189 Wiesbaden, Germany

Wenn Sie dieses Produkt entsorgen, geben Sie das Papier bitte zum Recycling.

Inhaltsverzeichnis

Autorinnen und Autoren

Heiko Biehl, Dr. phil., Kommissarischer Leiter Abteilung Forschung am Zentrum für Militärgeschichte und Sozialwissenschaften der Bundeswehr in Potsdam

Alexander Dietz, Dr. theol. habil., Professor für Systematische Theologie und Diakoniewissenschaft an der Hochschule Hannover

Dirk Freudenberg, Dr. rer. pol. Dr. iur., Dozent für Sicherheitspolitik, Krisenmanagement und Strategische Führungsausbildung an der Bundesakademie für Bevölkerungsschutz und Zivile Verteidigung im Bundesamt für Bevölkerungsschutz und Katastrophenhilfe

Jonas Hård af Segerstad, Kapitän zur See, Mag. Phil., Schwedischer Verteidigungsattaché in Berlin, Bern und Wien.

Thomas Hoppe, Dr. theol. habil., Professor i. R. für Katholische Theologie unter besonderer Berücksichtigung der Sozialwissenschaften und der Sozialethik an der Fakultät für Geistes-und Sozialwissenschaften der Helmut-Schmidt-Universität, Universität der Bundeswehr Hamburg

Nina Leonhard, Dr. phil. habil., Projektbereichsleiterin im Forschungsbereich Militärsoziologie am Zentrum für Militärgeschichte und Sozialwissenschaften der Bundeswehr in Potsdam und Privatdozentin am Institut für Soziologie der Universität Münster

Bernd Oberdorfer, Dr. theol. habil., Professor für Systematische Theologie am Institut für Evangelische Theologie der Universität Augsburg

Stefan Oeter, Dr. iur. habil., Professor für Öffentliches Recht, Völkerrecht und ausländisches Öffentliches Recht an der juristischen Fakultät der Universität Hamburg

Ruth Seifert, Dr. phil., Professor (i.R.) an der Fakultät für Sozial- und Gesundheitswissenschaften der Ostbayerischen Technischen Hochschule Regensburg

Markus Steinbrecher, Dr. rer. pol., Wissenschaftlicher Mitarbeiter im Forschungsbereich Militärsoziologie am Zentrum für Militärgeschichte und Sozialwissenschaften der Bundeswehr in Potsdam

Ines-Jacqueline Werkner, Dr. rer. pol. habil., Leiterin des Arbeitsbereichs Frieden an der Forschungsstätte der Evangelischen Studiengemeinschaft e.V. (FEST) in Heidelberg und Privatdozentin am Institut für Politikwissenschaft der Goethe-Universität Frankfurt a. M.

Einführung

Ines-Jacqueline Werkner

1 Ausgangslage

Deutschland hat lange an der Wehrpflicht festgehalten und gehörte zu den letzten Ländern in Europa, die diese mit dem Ende des Kalten Krieges und dem Ausrufen der Friedensdividende ausgesetzt und sich für eine Freiwilligenarmee entschieden haben. Inzwischen haben sich die Konstellationen, die zu diesem Wandel führten, angesichts des russischen Angriffs auf die Ukraine erneut verändert – nicht nur graduell, sondern radikal. Das gilt nicht nur für Deutschland, sondern europaweit. Mit der Refokussierung auf die Landes- und Bündnisverteidigung gehen wieder größere Streitkräfteumfänge wie auch die Notwendigkeit eines umfassenden Pools von Reservekräften einher. Zugleich sind Freiwilligenstreitkräfte im Hinblick auf die Personalgewinnung gefordert. Das betrifft die generelle Konkurrenz auf dem Arbeitsmarkt; aber auch die aktuelle sicherheitspolitische Situation stellt für die Rekrutierung eine Herausforderung dar. Während für die einen die Landes- und Bündnisverteidigung explizite Motivation sein mag, sich bei der Bundeswehr zu bewerben, werden sich an-

I.-J. Werkner (✉)
Arbeitsbereich Frieden, Forschungsstätte der Ev. Studiengemeinschaft, Heidelberg, Deutschland
E-Mail: ines-jacqueline.werkner@fest-heidelberg.de

© Der/die Autor(en), exklusiv lizenziert an Springer Fachmedien Wiesbaden GmbH, ein Teil von Springer Nature 2025
I.-J. Werkner (Hrsg.), *Debatten um die Wehrpflicht*, Gerechter Frieden, https://doi.org/10.1007/978-3-658-48599-3_1

1

dere aber auch davon abschrecken lassen. Auf Letzteres deuten die steigenden Kriegsdienstverweigerungen hin (vgl. Werkner 2023, S. 94 ff.).

So sind Debatten darüber entfacht, wie sich die aktuellen Herausforderungen, vor allem Fragen der Personalgewinnung angesichts wieder größer werdender Streitkräfte sowie der Aufstellung einer umfassenden Reserve, am besten lösen lassen. In diesem Kontext verorten sich die aktuellen politischen Debatten um die mögliche Einführung einer – nicht allgemeinen, aber doch selektiven – Wehrpflicht wie auch Diskussionen um eine allgemeine Dienstpflicht. Letztere hatte insbesondere Bundespräsident Frank-Walter Steinmeier (2022) in die Debatte eingebracht. Welche Auswirkungen hätten aber solche Pflichtdienste – militärisch, politisch wie gesellschaftlich? Was würde ein solcher Paradigmenwechsel für friedensethisches Nachdenken, aber auch für die Institution der Kirchen bedeuten?

2   Zu diesem Band

Der vorliegende Band widmet sich diesen Fragen. Der erste Beitrag von *Ines-Jacqueline Werkner* skizziert nach einem kurzen Rückblick auf den Trend der Abschaffung und Aussetzung der Wehrpflicht in Europa seit den 1990er Jahren die europaweit geführten aktuellen Diskurse um eine Wiedereinführung der Wehrpflicht. Vor dem Hintergrund der europäischen Entwicklungen reflektiert die Autorin die aktuellen Positionen der politischen Parteien, insbesondere der Regierungsparteien, zur Wehrpflicht.

Alexander Dietz diskutiert ausgehend von der aktuellen Debatte in Deutschland und mit Blick auf die Nachbarländer ökonomische, juristische, sozial- und gesellschaftspolitische sowie sicherheitspolitische Aspekte einer allgemeinen Dienstpflicht. Angesichts der von ihm konstatierten Notwendigkeit einer Förderung und Einübung individuellen Engagements und gegenseitiger Verantwortungsübernahme schlägt er die Einführung einer allgemeinen Dienstpflicht als Alternative zur Wehrpflicht vor.

Mit Pflichtdiensten verbinden sich stets auch Fragen der Dienstgerechtigkeit. Gerade im Hinblick auf die Wehrpflicht sind Frauen häufig von dieser ausgenommen. Vor diesem Hintergrund

richtet *Ruth Seifert* in ihrem Beitrag einen vertieften sozio-
logischen Blick auf das Verhältnis von Gender und Militär. Dabei
zeichnet sie zunächst die politischen Diskussionen in Deutschland um die Einbeziehung von Frauen in die Bundeswehr nach
und gibt in einem zweiten Schritt einen kurzen Abriss über die
akademische Debatte. Daraus folgt für die Autorin eine Befür-
wortung der Wehrpflicht für Frauen.

Die Refokussierung auf die Landes- und Bündnisverteidigung
ist nicht auf das Militär beschränkt. In diesem Sinne konstatieren
die neuen Verteidigungspolitischen Richtlinien: „Unsere Wehrhaftigkeit ist eine gesamtstaatliche und gesamtgesellschaftliche
Aufgabe" (BMVg 2023, S. 9). Daran anknüpfend wendet sich
Dirk Freudenberg in seinem Beitrag der gesellschaftlichen Kom-
ponente der Wehrhaftigkeit – der zivilen Verteidigung – zu und
diskutiert die Frage, wie wehrhaft die deutsche Bevölkerung ist
beziehungsweise sein sollte.

Im Fortgang werden die verhandelten Leitfragen am Beispiel
von Schweden diskutiert. In Schweden stellt die Wehrpflicht
neben der Zivilpflicht und der allgemeinen Dienstpflicht eine von
drei Totalverteidigungspflichten dar. Wie diese funktioniert und
wie die Wehrpflichtigen ausgewählt werden, steht im Fokus des
Beitrages von *Jonas Hård af Segerstad*. Diese Ausführungen erweisen sich in der aktuellen politischen Debatte als zentral, da gerade hier häufig auf das schwedische Modell rekurriert wird.

Mit einer potenziellen Wiedereinführung der Wehrpflicht verbinden sich aber auch weitere Fragen. In demokratischen Staaten
geht mit der Wehrpflicht stets auch das Recht auf Kriegsdienstverweigerung einher, die insbesondere in Kriegszeiten zum Tragen
kommen muss. Vor diesem Hintergrund zeichnet *Stefan Oeter* in
seinem Beitrag die internationalen Debatten und juristischen Regelungen in Europa einschließlich ihrer Entwicklungen nach und
reflektiert die Frage, inwieweit es sich bei der Wehrdienstver-wei-
gerung um ein Menschenrecht handelt.

In militärsoziologischen Studien werden rechtsextremistische
Strömungen in der Bundeswehr häufig mit der Form der Rekrutierung in Zusammenhang gebracht. In diesem Kontext verortet
sich auch der Vorschlag der Wehrbeauftragten Eva Högl: Sie
hatte 2020 angeregt, die Wehrpflicht wieder einzuführen, um

rechtsextremen Tendenzen in der Bundeswehr entgegenzuwirken (vgl. Zeit Online 2020). Inwieweit diese These empirisch haltbar ist, untersuchen *Markus Steinbrecher, Heiko Biehl* und *Nina Leonhard* in ihrem Beitrag.

Abschließend beleuchten zwei Beiträge die Wehrpflicht aus ethischer Sicht. Der Beitrag von *Bernd Oberdorfer* geht dem Beziehungsgeflecht von Freiheit, Verantwortung und Pflicht aus protestantischer Perspektive nach. Zunächst legt der Autor grundsätzliche Gedanken zur Legitimität militärischer Verteidigung und der Beteiligung der Bürgerinnen und Bürger an ihr dar, denen dann Überlegungen zur Wehrpflicht folgen.

Der Beitrag von *Thomas Hoppe* schließt unmittelbar an diese Ausführungen an, indem er zwei Fragen fokussiert: Inwieweit sind die Bürgerinnen und Bürger – erstens – ethisch verpflichtet, ihr Land zu verteidigen? Und kann – zweitens – Flucht vor dem Krieg ethisch legitim sein? Der Autor reflektiert in diesem Kontext Begründungen und Grenzen des Verteidigungsrechts, beleuchtet Solidaritätspflichten in der Gesamtverteidigung und skizziert ethische Aspekte der Entscheidungsfindung, ob man im Kriegsfalle fliehen oder bleiben solle.

Literatur

Bundesministerium der Verteidigung (BMVg). 2023. *Verteidigungspolitische Richtlinien 2023*. Berlin: BMVg.

Steinmeier, Frank-Walter. 2022. Rede bei einer Diskussionsveranstaltung zur Idee einer sozialen Pflichtzeit am 8. November 2022 in Berlin. https://www.bundesregierung.de/resource/blob/975954/2141738/fed868b07922e328d88793542a7868a1/138-2-bpr-pflichtjahr-data.pdf?download=1. Zugegriffen: 10. Januar 2025.

Werkner, Ines-Jacqueline. 2023. *Die Bundeswehr im neuen Modus der Landes- und Bündnisverteidigung – Wehrpflicht revisited?* Baden-Baden: Nomos.

Zeit Online. 2020. Neue Wehrbeauftragte regt Wiedereinführung der Wehrpflicht an. https://www.zeit.de/politik/deutschland/2020-07/bundeswehr-wehrbeauftragte-eva-hoegl-wehrpflicht-deutschland-wiedereinfuehren-rechtsextremismus. Zugegriffen: 10. Januar 2025.

Wehrpflicht revisited? Aktuelle Debatten und Entwicklungen in Deutschland und Europa

Ines-Jacqueline Werkner

1 Einleitung

Die Frage nach dem Wehrsystem und speziell nach der Form der Rekrutierung ist vielschichtig. Neben sicherheitspolitischen Erfordernissen sind mit ihr zugleich verfassungsrechtliche, gesellschaftspolitische, militärisch-personelle sowie ökonomische Aspekte verbunden.[1] Für die Streitkräfte in Europa erweisen sich diesbezüglich zwei Ereignisse als prägend: Zum einen beförderte das Ende der Blockkonfrontation und des Kalten Krieges in Europa einen Trend zu Freiwilligenstreitkräften. Zum anderen haben sich die Konstellationen, die zu diesem Wandel führten, angesichts des russischen Angriffskrieges gegen die Ukraine erneut verändert. Mit der Refokussierung auf die Landes- und Bündnisverteidigung gehen wieder größere Streitkräfteumfänge wie auch

---

[1] Im Fokus dieses Beitrages stehen insbesondere die sicherheitspolitischen Aspekte, die sich aus der veränderten weltpolitischen Lage angesichts des russischen Angriffs auf die Ukraine ergeben.

I.-J. Werkner (✉)
Arbeitsbereich Frieden, Forschungsstätte der Ev. Studiengemeinschaft, Heidelberg, Deutschland
E-Mail: ines-jacqueline.werkner@fest-heidelberg.de

I.-J. Werkner (Hrsg.), *Debatten um die Wehrpflicht*, Gerechter Frieden, https://doi.org/10.1007/978-3-658-48599-3_2

5

die Notwendigkeit umfassender Reservekräfte einher und mit
ihnen auch Debatten um eine Wiedereinführung der Wehrpflicht.

Nach einem kurzen Rückblick auf den Trend der Abschaffung
und Aussetzung der Wehrpflicht in Europa seit den 1990er Jahren
skizziert der Beitrag die aktuellen Debatten in Europa um die
Wiedereinführung der Wehrpflicht im Lichte des Ukrainekrieges.
Vor diesem Hintergrund wird die aktuelle Debatte in Deutschland
näher beleuchtet. Im Fokus der Betrachtung stehen die Positionen
der politischen Parteien, insbesondere der Regierungsparteien, zur
Wehrpflicht. Abschließend reflektiert der Beitrag die jüngsten politischen Vorschläge und verortet diese im europäischen Kontext.

2   Ein Rückblick auf den Trend der Abschaffung und Aussetzung der Wehrpflicht in Europa

Der Systemwandel 1989/90 hat in Europa zu zwei wesentlichen
Entwicklungslinien geführt: Zum einen war die unmittelbare territoriale Bedrohung weggefallen. Die Landesverteidigung stellte
seit 1990 eine weiterhin wichtige, aber eher unwahrscheinliche
Aufgabe der Streitkräfte dar. Damit verbunden waren drastische
Streitkräftereduzierungen sowie kleiner werdende Verteidigungs-
haushalte. In den ersten zehn Jahren nach dem Systemwandel hal-
bierten sich die Streitkräftezahlen in Europa. 1990 besaß Deutschland – auch aufgrund der infolge des Einigungsvertrages über-
nommenen NVA-Soldaten – knapp 700.000 Soldatinnen und
Soldaten.[2] Dieser Umfang war nach dem „2+4"-Vertrag bis 1994
auf 370.000 Soldatinnen und Soldaten zu reduzieren. Weitere Re-
duzierungen folgten. Zum Ende der Wehrpflicht waren es bereits
weniger als 250.000 Soldatinnen und Soldaten (vgl. Werkner
2006, S. 102). Und auch die Verteidigungsausgaben reduzierten
sich in Europa in dieser Zeit drastisch, von 1989 bis 1999 um die
Hälfte. In Deutschland betrug der Anteil der Verteidigungsausgaben
am Bruttoinlandsprodukt im Jahr 1990 2,7 %, zum Ende der

---

[2] Die Bundeswehr (alte Bundesländer) wies 1990 einen Streitkräfteumfang
von ca. 460.000 Soldaten auf.

Wehrpflicht im Jahr 2011 waren es 1,3 % (vgl. Deutscher Bundestag, Wissenschaftliche Dienste 2017, S. 7).

Zum anderen waren mit dem Ende des Kalten Krieges neue sicherheitspolitische Risiken wie das Aufbrechen regionaler Konflikte oder der transnationale Terrorismus zu verzeichnen, von denen eine neue Gefährdung der internationalen Rechtsordnung und Sicherheit in Europa gesehen wurde. Mit der sich daraus ergebenen Fokussierung der europäischen Streitkräfte auf internationale friedenssichernde und -schaffende Einsätze stellten sich neue Anforderungen an eine moderne Ausrüstung; zugleich erforderten sie eine höhere Professionalität der Soldatinnen und Soldaten. Verfügbarkeit und Mobilität wurden zu charakteristischen Merkmalen militärischer Effektivität. Das hatte Auswirkungen auf die Rekrutierungssysteme. Wehrpflichtige konnten aus militärischen, vor allem aber auch aus politischen Gründen nicht in Auslandseinsätze entsandt werden. Einerseits wären vielfach die Ausbildungszeiten der Wehrpflichtigen für diese Einsätze zu kurz. Andererseits gingen diese Einsätze über die eigentliche Landesverteidigung hinaus, wozu Grundwehrdienstleistende kaum verpflichtet werden konnten. Vor diesem Hintergrund reduzierten sich die Wehrpflichtraten, das heißt die Anteile der Wehrpflichtigen an den aktiven Streitkräfteumfängen.

Beide Entwicklungslinien führten zu einer Infragestellung der Wehrpflicht. Dieser Trend zeigt sich auch in Zahlen: Gab es unter den 16 NATO-Staaten 1990 nur vier Freiwilligenstreitkräfte, waren es 2014 (vor der russischen Annexion der Krim) bei 28 NATO-Staaten 22 Länder mit Freiwilligenarmeen. Hinsichtlich der EU-Staaten sieht die Entwicklung ähnlich aus: 1990 besaßen von zwölf EU-Staaten drei Länder Freiwilligenarmeen, 2014 waren es von 28 EU-Staaten 22 Länder mit Freiwilligenstreitkräften.

3   Aktuelle europäische Debatten um die Wiedereinführung der Wehrpflicht

Aktuell ist ein gegenläufiger Trend erkennbar. Mit der Wiederkehr der Geopolitik infolge der russischen Annexion der Krim und insbesondere des russischen Angriffs auf die Ukraine 2022 stehen die Streitkräfte in Europa vor einem erneuten Paradigmenwechsel. Die europaweit zu konstatierende Refokussierung auf die Landes- und Bündnisverteidigung führt wieder zu größeren Streitkräfte- umfängen. Sie erschwert die Rekrutierung des dafür benötigten Personals und befördert zugleich Debatten um eine Wiederein- führung der Wehrpflicht (vgl. Werkner 2023, S. 99 ff.).

Mittlerweile haben drei Staaten in Europa die Wehrpflicht nach ihrer Aussetzung wieder eingeführt: *Schweden* hat die Wehr- pflicht 2010 ausgesetzt und 2017 wieder eingeführt – in Form einer selektiven Wehrpflicht für Männer und Frauen. Die Anzahl der Einberufungen richtet sich dabei nach der Anzahl der be- nötigten Dienstposten. Zunächst werden diejenigen eingezogen, die sich freiwillig bereit erklären und geeignet sind, erst danach wird verpflichtend rekrutiert. Gegenwärtig kann der Bedarf weit- gehend aus Freiwilligen gedeckt werden. *Litauen* hat 2008 seine Wehrpflicht ausgesetzt und 2015 – unmittelbar nach der russi- schen Annexion der Krim – wieder eingeführt. Auch hier handelt es sich um eine selektive Wehrpflicht, allerdings nur für Männer. Eingezogen werden zunächst Freiwillige, erst danach wird ver- pflichtend – wie in Dänemark über ein Losverfahren – rekrutiert. Aktuell gibt es in Litauen Pläne des Übergangs zu einer all- gemeinen Wehrpflicht. *Lettland* ist das dritte Land, das be- schlossen hat, die Wehrpflicht 2024 wieder einzuführen – als all- gemeine Wehrpflicht nur für Männer (mit der Möglichkeit eines zivilen Ersatzdienstes im Falle der Kriegsdienstverweigerung, der allerdings auch in militärischen oder militärnahen Einrichtungen erfolgen kann).

Die ersten Länder haben ihre Wehrpflicht auch geschlechts- neutral ausgestaltet: Neben Schweden ist es *Norwegen*, das be- reits 2015 seine bestehende Wehrplicht auf Frauen ausgeweitet hat. Zudem hat *Dänemark* beschlossen, die (selektive) Wehr- pflicht ab 2026 auf Frauen auszuweiten.

Auch in anderen europäischen Staaten finden seit 2014 ver- stärkt – zumeist kontroverse – Debatten um eine Wiedereinfüh- rung der Wehrpflicht statt. Folgend können diese Entwicklungen nur exemplarisch aufgezeigt werden: In *Belgien* hat Admiral Mi- chel Hofman, Stabschef der Armee, eine Debatte um die Wieder- einführung der Wehrpflicht angestoßen. So gebe es „einen möglichen Bedarf, sich auf dem Territorium der NATO oder in Europa verteidigen zu müssen, der die Notwendigkeit rechtfertigen könnte, Menschen einzuziehen" (zit. nach BRF 2022). Seitens der Politik – und insbesondere von der belgischen Verteidigungsministerin Ludivine Dedonder – wurde dieser Vorschlag jedoch umgehend zurückgewiesen. Der Vorschlag des belgischen Armeechefs wurde auch in den *Niederlanden* diskutiert. Eine Aktivierung der allgemeinen Wehrpflicht ist zwar nicht geplant, es bestehen aber Überlegungen, Elemente des schwedischen Modells (wie zum Beispiel mit einem Fragebogen das Interesse am Wehrdienst abzufragen) zu übernehmen. Bislang setzen sie aber weitgehend auf das 2022 eingeführte freiwillige Dienstjahr. Auch in *Tschechien* gibt es immer wieder kontroverse Debatten um eine Wiedereinführung der Wehrpflicht. Bereits 2015 hat das Land angesichts der sich verschlechternden Sicherheitslage in Europa Musterungen auf freiwilliger Basis eingeführt. Von den ursprünglich geplanten verpflichtenden Musterungen zur Registrierung rückte die Regierung angesichts heftiger öffentlicher Kritik wieder ab. Seit 2016 gibt es in Tschechien einen freiwilligen Wehrdienst. Auch in weiteren Ländern gibt es einzelne Voten für eine Wiedereinführung der Wehrpflicht (so beispielsweise in Bulgarien, Italien, Kroatien oder Slowenien). Selbst in *Großbritannien*, das traditionell über Freiwilligenstreitkräfte verfügt, gibt es erste Stimmen, die sich für eine Einführung der Wehrpflicht aussprechen, so beispielsweise der Oberbefehlshaber der britischen Armee, General Sir Patrick Sanders (vgl. Leithäuser 2024). Im Mai 2024 hatten auch die Tories im Falle eines Wahlsieges die Einführung eines nationalen Pflichtdienstes angekündigt: entweder zwölf Monate Wehrdienst oder an Wochenenden gemeinnützige Arbeit (vgl. euro|topics 2024).

In *Frankreich* ist die Debatte eine andere. Hier versucht man, mit Hilfe des Militärs, das einen hohen Stellenwert in der Gesellschaft genießt, den innergesellschaftlichen Zusammenhalt zu fördern (das Militär als „Schule der Nation"). So versprach Emmanuel Macron bei seiner ersten Präsidentschaftswahl, „die Wiedereinführung einer Art Wehrpflicht für alle Jugendlichen" (Balmer 2018). Im Juni 2018 wurde der *Service National Universel* (SNU) eingeführt – ein einmonatiger freiwilliger Dienst, der sowohl in

zivilen als auch in militärischen Einrichtungen (mit entsprechender Verlängerungsoption) abgeleistet werden kann und
in den nächsten Jahren (voraussichtlich ab 2026) für alle verpflichtend werden soll.

Es gibt aber auch europäische Staaten, die nicht erwägen, die
Wehrpflicht wieder einzuführen. Dazu gehört *Polen*, obwohl das
Land gerade dabei ist, seinen Streitkräfteumfang von 110.000 auf
300.000 Soldatinnen und Soldaten zu erhöhen. Jedoch verfügt
Polen über genügend Freiwillige. So erfährt auch der 2022 ein-
geführte einjährige freiwillige Wehrdienst eine überaus positive
Resonanz. Es gibt allerdings verpflichtende Musterungen. Ebenfalls finden sich keine Debatten in *Spanien* und *Portugal*. Hier ist
der Grund ein anderer: Insbesondere in Spanien sind der Wehrdienst und das Militär extrem unbeliebt. Hinzu kommt, dass angesichts der größeren geografischen Distanz die Bedrohungswahr-
nehmungen geringer sind.

4   Die bundesdeutsche Debatte um die Wiedereinführung der Wehrpflicht

Die in Deutschland durchaus kontrovers geführte Diskussion um
eine Wiedereinführung der Wehrpflicht ist – das haben die obigen
Ausführungen aufzeigen können – keine Ausnahme, sondern fügt
sich in die europäischen Debatten und Trends ein. Mit größer
werdenden Zielgrößen für die Streitkräfteumfänge erhöhen sich
die Personalprobleme – das gilt auch für Deutschland. Schon der
gegenwärtige Plan, den Streitkräfteumfang der Bundeswehr von
180.000 auf 203.000 Soldatinnen und Soldaten zu erhöhen (und
weitere Umfangssteigerungen sind zu erwarten), lässt sich
angesichts der aktuellen Rekrutierungsprobleme nicht umsetzen.
Bei den Freiwillig Wehrdienstleistenden – gegenwärtig weniger
als 10.000 – liegt das Verhältnis von Bewerbungen und Ein-
planungen bereits bei 1:1, das heißt die Bundeswehr muss fast
jede Bewerberin und jeden Bewerber für den freiwilligen Wehrdienst einstellen (vgl. Werkner 2023, S. 46). Diskussionen um die
Wiedereinführung der Wehrpflicht sind eine logische Folge.

Nachdem Boris Pistorius im Dezember 2023 eine Taskforce eingesetzt hatte, legte er am 12. Juni 2024 seine Pläne vor. Im Vorfeld wurde vermutet, dass er sich am schwedischen Modell orientieren würde. So weit ist er jedoch nicht gegangen, das ist beziehungsweise war insbesondere den politischen Machtverhältnissen der Ampel-Koalition geschuldet. Denn sowohl Teile der SPD als auch Bündnis 90/Die Grünen und die FDP setzen weiterhin auf Freiwilligkeit. Der zentrale Aspekt seines Vorschlages ist die Erfassung von Wehrpflichtigen durch einen Musterungsfragebogen – verpflichtend für Männer, freiwillig für Frauen. Pro Jahr sollen also ca. 600.000–700.000 Personen angeschrieben werden. Ein Teil von ihnen wird dann zur Musterung einbestellt; der Wehrdienst bleibt aber nach wie vor freiwillig. Auf diese Weise sollen 2025 5000 weitere Freiwillig Wehrdienstleistende gewonnen werden.

Die Frage, wie künftig der Wehrdienst ausgestaltet werden soll, war dann auch Thema des Bundestagswahlkampfes 2025. Wie divers diesbezüglich die Positionen der politischen Parteien sind, zeigen die Aussagen in den jeweiligen Wahlprogrammen, die sich – vom linken bis zum rechten Spektrum – wie folgt darstellen:

„Wir stellen uns gegen eine Militarisierung der Gesellschaft: keine Wiedereinführung der Wehrpflicht, kein Werben fürs Sterben an Schulen, auf Bildungsmessen, an Universitäten oder per Briefsendungen. Zivilklauseln für Hochschulen ohne Militär wollen wir verteidigen und ausbauen. Wir unterstützen das Jugendbündnis gegen Wehrpflicht!" (Die Linke 2025, S. 23).

„Um die Einsatzbereitschaft der Bundeswehr sicherzustellen, muss sie personell und materiell gut ausgestattet sein. Statt den aus guten Gründen seit 2011 ausgesetzten allgemeinen Grundwehrdienst wieder einzuführen, wollen wir den freiwilligen Wehrdienst und die Reserve für eine breite Zielgruppe attraktiver machen und durch gute Lebens- und Arbeitsbedingungen für Soldat*innen Personal langfristig binden. […] Für den potenziellen Verteidigungsfall braucht es schnelle Rekrutierungsmechanismen – unterstützt durch eine neue Form der Wehrerfassung, die auch den Zivil- und Heimatschutz stärkt" (Bündnis 90/Die Grünen 2025, S. 154).

„Angesichts der veränderten sicherheitspolitischen Lage plant die SPD die Einführung eines neuen, flexiblen Wehrdienstes. Der neue Wehrdienst soll auf Freiwilligkeit basieren und sich dabei am Bedarf der Bundeswehr orientieren. Es müssen zügig die Grundlagen für eine Wehrerfassung geschaffen werden. Der neue Wehrdienst dient zentral dem Aufbau einer durchhaltefähigen Reserve" (SPD 2025, S. 58).

„Wir setzen perspektivisch auf ein verpflichtendes Gesellschaftsjahr, das wir mit der aufwachsenden Wehrpflicht zusammendenken. So werden wir dem Personalbedarf zur Stärkung unserer Verteidigungsfähigkeit gerecht. Aus dem Kreis der Gemusterten sollen diejenigen benötigten Tauglichen kontingentiert und zum Grundwehrdienst einberufen werden, die ihre Bereitschaft zum Wehrdienst signalisiert haben. […] Die Bundeswehr soll nur so viele Einberufungen vornehmen, wie es die Streitkräfteplanung erfordert" (CDU/CSU 2025, S. 50 f.).

„Wir Freie Demokraten sehen eine allgemeine Dienstpflicht, ein sog. Gesellschaftsjahr und verwandte Konzepte als einen schweren Freiheitseingriff. Einen solchen Pflichtdienst lehnen wir deshalb entschieden ab. Wir setzen stattdessen auf attraktive und berufsvorbereitende Freiwilligendienste. […] Wir Freie Demokraten setzen uns für eine professionelle Freiwilligenarmee aus Aktiven und einer starken Reserve und für eine nationale Datenbank zur Erfassung wehrfähiger Männer und Frauen ein. Wir orientieren uns hierbei an den Fähigkeitszielen der NATO. Die Wiedereinsetzung der allgemeinen Wehrpflicht lehnen wir ab" (FDP 2025, S. 31, 47).

„Damit dem Hauptauftrag der Landes- und Bündnisverteidigung wieder Rechnung getragen werden kann, muss unsere Bundeswehr nicht nur finanziell gut ausgestattet sein, sondern ihr muss auch die Einsatzbereitschaft insbesondere bei Material und Personal zurückgegeben werden. Daher wollen wir die Wehrpflicht wieder einsetzen. Diese beinhaltet gemäß aktueller Gesetzeslage auch den Ersatzdienst" (AFD 2025, S. 88).

Hier greift die Parteiendifferenzthese (vgl. Werkner 2006, S. 261 ff.). Das heißt: Bei den jeweiligen Parteien lassen sich typische Hauptargumentationsstränge finden, die sich auch auf der Zeitachse als relativ stabil erweisen. So positionierten sich die jeweiligen Parteien auch schon bei der Debatte um die Einführung einer Freiwilligenarmee in den 1990er und 2000er Jahren vielfach in gleicher Weise: Dabei vertreten die Linken traditionell eine ausgeprägte antimilitaristische Grundhaltung, setzen auf eine konsequente Abrüstungspolitik und lehnen die Wehrpflicht als „Militarisierung der Gesellschaft" ab. Bündnis 90/Die Grünen positionieren sich – früher aus einer pazifistischen Grundhaltung heraus, nunmehr allerdings stärker aus einer liberalen Sichtweise – ebenfalls gegen eine Wehrpflicht. Das liberale Argument, wonach die Wehrpflicht einen zu großen Einschnitt in die individuellen Freiheitsrechte darstelle, findet sich erwartungsgemäß am stärksten bei der FDP. Demgegenüber positionieren sich die CDU und CSU konsequent und mit großer Mehrheit für eine Wehrpflicht. Hier dominiert eine republikanische Grundhaltung, wonach es eine Bürgerpflicht sei, aktiv zur Freiheit und Sicherheit Deutschlands beizutragen. Deshalb kam die Aussetzung der Wehrpflicht 2011 durch den CSU-Verteidigungsminister Karl-Theodor zu Guttenberg für viele auch überraschend, letztlich war sie aber monetären Gründen geschuldet. Die SPD war und ist in dieser Frage gespalten; eine klare Positionierung lässt sich hier nicht ausmachen.[3]

Im Koalitionsvertrag von CDU, CSU und SPD hat sich die CDU/CSU in der Wehrpflichtfrage nicht durchsetzen können:

> „Wir schaffen einen neuen attraktiven Wehrdienst, der zunächst auf Freiwilligkeit basiert. […] Wir orientieren uns dabei am schwedischen Wehrdienstmodell. Wir werden noch in diesem Jahr die Voraussetzungen für eine Wehrerfassung und Wehrüberwachung schaffen" (CDU, CSU und SPD 2025, S. 130).

Damit ist der Vorschlag von Boris Pistorius vom Juni 2024 unverändert in den Koalitionsvertrag aufgenommen worden. Allein das Wort „zunächst" könnte der Intervention der CDU und CSU geschuldet sein und lässt die Option offen, gegebenenfalls auch schon innerhalb dieser Regierungszeit die Aussetzung der Wehrpflicht wieder aufzuheben.

---

[3] Die AfD gab es im Parteienspektrum von 2011 noch nicht, ihre Positionierung für eine Wehrpflicht speist sich aus einer nationalistischen Grundhaltung.

5   Ausblick

Wie erfolgsversprechend ist der Vorschlag des Verteidigungsministers vom Juni 2024? Die Erfassung von Wehrpflichtigen kann
als ein erster Schritt gelten; Pistorius – wie auch die neue CDU-
geführte Bundesregierung unter Friedrich Merz – sind aber auf
halber Strecke stehen geblieben. Zum einen wird Freiwilligkeit in
Deutschland bei größer werdenden Streitkräften nicht ausreichen – im Unterschied zu Polen, aber auch zu den skandinavischen
Ländern. Diese verfügen über eine andere politisch-militärische
Kultur. Für viele Schwedinnen und Schweden beispielsweise stellt
es eine Ehre dar, dem Land zu dienen, und eine Selbstverständlich-
keit, sich solidarisch für die Gemeinschaft einzusetzen. Vor diesem
Hintergrund hat Schweden derzeit auch noch mehr Leute, die
Wehrpflicht ableisten wollen, als Stellen für Wehrpflichtige (vgl.
Werkner 2023, S. 99 ff.). Zum anderen ist die fehlende Geschlechts-
neutralität nicht mehr zeitgemäß, auch wenn es dazu einer Grundgesetzänderung bedarf. Statt Unterschiede zwischen den Geschlechtern noch zu verstärken, müsste die Politik – wie es unter
anderem die skandinavischen Länder tun – stärker als bislang auf
eine Vereinbarkeit von Familie und Beruf setzen.

Sicherheitspolitisch ließen sich mit einer selektiven Wehrpflicht – beispielsweise nach schwedischem Vorbild – angesichts
der gegenwärtigen Bedrohungslage vier Ziele befördern: Sie
könnte (1) die Landesverteidigung stärken (Sicherung der kriti-
schen Infrastruktur etc.), (2) einen Beitrag zur Personalgewinnung
leisten, (3) zum Aufbau einer umfassenden Reserve beitragen und
(4) als flexibles Rekrutierungsinstrument schnell auf mögliche
Krisensituationen reagieren (vgl. Werkner 2023, S. 113). Dabei
muss man sich allerdings bewusst sein, dass in Deutschland angesichts einer völlig anderen politisch-militärischen Kultur, die sich
mit der in Schweden nicht vergleichen lässt, sehr viel stärker das
verpflichtende Moment zum Tragen käme. Vor diesem Hintergrund könnte sich auch die Einführung eines verpflichtenden Gesellschaftsjahres, so wie es die CDU/CSU in ihrem Wahlprogramm vorgeschlagen hat, für die Bundeswehr als nicht ausreichend erweisen.

Literatur

AfD. 2025. *Zeit für Deutschland. Programm der Alternative für Deutschland für die Wahl zum 21. Deutschen Bundestag*. Berlin: AfD.

Balmer, Rudolf. 2018. Frankreich: Neue Wehrpflicht ohne Waffen. https://www.diepresse.com/5414696/frankreich-neue-wehrpflicht-ohne-waffen. Zugegriffen: 10. Januar 2025.

BRF. 2022. Admiral Hofman wünscht Debatte über Wiedereinführung der Wehrpflicht. https://brf.be/national/1648539/. Zugegriffen: 10. Januar 2025.

Bündnis 90/Die Grünen. 2025. *Zusammen wachsen: Regierungsprogramm 2025*. Berlin: Bündnis 90/Die Grünen.

CDU und CSU. 2025. *Politikwechsel für Deutschland. Wahlprogramm von CDU und CSU*. Berlin: CDU und CSU.

CDU, CSU und SPD. 2025. *Verantwortung für Deutschland. Koalitionsvertrag zwischen CDU, CSU und SPD. 21. Legislaturperiode*. Berlin: CDU, CSU und SPD:

Deutscher Bundestag, Wissenschaftliche Dienste. 2017. Entwicklungen der Militärausgaben in Deutschland von 1925 bis 1944 und in der Bundesrepublik Deutschland von 1959 bis 2015 im Verhältnis zur gesamtwirtschaftlichen Leistung. https://bundestag.de/resource/blob/503294/493c4e-3a31e0705bd3b62a77d449bc76/wd-4-025-17-pdf-data.pdf. Zugegriffen: 10. Januar 2025.

Die Linke. 2025. *Wahlprogramm Die Linke zur Bundestagswahl 2025: Alle wollen regieren. Wir wollen verändern. Reichtum teilen. Preise senken. Füreinander*. Berlin: Die Linke.

euro|topics. 2024. Großbritannien: Tories wollen die Wehrpflicht. https://www.eurotopics.net/de/320531/grossgriannien-tories-wollen-die-wehrpflicht. Zugegriffen: 10. Januar 2025.

FDP. 2025. *Alles lässt sich ändern. Das Wahlprogramm zur Bundestagswahl 2025*. Berlin: FDP.

Leithäuser, Johannes. 2024. Britische Wehrpflicht-Debatte „Reguläre Armeen beginnen Kriege, Bürgerarmeen gewinnen sie". https://www.faz.net/aktuell/politik/ausland/wegen-russland-grossbritanniens-armeechef-fordert-wehrpflicht-19473535.html. Zugegriffen: 10. Januar 2025.

SPD. 2025. *Mehr für Dich. Besser für Deutschland. Regierungsprogramm der SPD für die Bundestagswahl 2025*. Berlin: SPD.

Werkner, Ines-Jacqueline. 2006. *Wehrpflicht oder Freiwilligenarmee? Wehrstrukturentscheidungen im europäischen Vergleich*. Frankfurt a. M.: Peter Lang.

Werkner, Ines-Jacqueline. 2023. *Die Bundeswehr im neuen Modus der Landes- und Bündnisverteidigung – Wehrpflicht revisited?* Baden-Baden: Nomos.

Allgemeine Dienstpflicht – eine gute Idee?

Alexander Dietz

1   Einleitung

Im Juni 2024 legte das Meinungsforschungsinstitut Ipsos eine Studie zur allgemeinen Dienstpflicht vor. Gemäß dieser Studie befürworten knapp drei Viertel (73 %) der Deutschen die Einführung eines solchen gesellschaftlichen Pflichtdienstes. Demgegenüber halten nur 38 % der Befragten einen allgemein verpflichtenden Militärdienst für sinnvoll (vgl. Ipsos 2024). Befürworterinnen und Befürworter der Dienstpflicht-Idee fordern meist keine einfache Wiederbelebung des alten Modells von Wehr- und Zivildienst, sondern eine neue Form mit neuen Rahmenbedingungen. Vielfältige Begriffe geistern im Diskursraum herum, wie zivile Dienstpflicht, öffentliche Dienstleistungspflicht, soziales Pflichtjahr, Gemeinschaftsdienst, Dienstjahr, soziale Pflichtzeit, verpflichtendes Gesellschaftsjahr, Deutschland-Jahr oder Deutschland-Praktikum. Damit sind jeweils wiederum vielfältige Vorstellungen möglicher Rahmenbedingungen verbunden, sei es im Blick auf den Personenkreis, das Alter, die Länge

A. Dietz (✉)
Hochschule Hannover, Hannover, Deutschland
E-Mail: alexander.dietz@hs-hannover.de

oder den Grad der Verpflichtung. Zunächst muss also stets geklärt werden, worüber genau man spricht, damit eine sinnvolle Debatte möglich ist. [1]

Schon seit dem späten 19. Jahrhundert wurde der Gedanke einer allgemeinen Dienstpflicht als Alternative zur allgemeinen Wehrpflicht immer wieder diskutiert, sei es aus pazifistischer, feministischer, diakonischer oder jugendkultureller Perspektive. In den Wehrdienstreform-Debatten der 1990er-Jahre wurde eine Dienstpflicht mitunter gefordert, um den Zivildienst als gleichberechtigt aufzuwerten oder um Wehrgerechtigkeit herzustellen. Im Kontext der Aussetzung der Wehrpflicht im Jahr 2011 kam der Gedanke einer allgemeinen Dienstpflicht ins Gespräch, um den wegfallenden Zivildienst zu kompensieren. Seitdem forderten immer wieder Politikerinnen und Politiker unterschiedlicher Parteien eine Dienstpflicht mit dem primären Ziel, den gesellschaftlichen Zusammenhalt zu stärken. Seit dem Ukrainekrieg hat die Debatte einen neuen inhaltlichen Akzent erhalten. Nun wird die Dienstpflicht nicht mehr als Alternative zur Wehrpflicht diskutiert, sondern als Ergänzung zur Wehrpflicht beziehungsweise als spezifische Variante im Diskurs um verschiedene Möglichkeiten, die Wehrfähigkeit Deutschlands zu erhöhen.

In der deutschen Diskussion wurde und wird eine ablehnende Position häufig mit der Assoziation zu Zwangsdiensten unter dem nationalsozialistischen Regime begründet. Tatsächlich ist eine kritische historische Auseinandersetzung mit pädagogisierten Jugendgemeinschaftsdiensten und Arbeitsdiensten in der Vergangenheit wichtig, da diese leider – nicht nur zur Zeit des Nationalsozialismus – teilweise militaristisch, nationalistisch oder arbeitsmarktpolitisch instrumentalisiert wurden. Dies darf jedoch einen konstruktiven Diskurs zum Thema nicht verhindern. Weder wurde die Dienstpflicht von den Nationalsozialisten erfunden noch nehmen sich Befürworterinnen und Befürworter heute den Reichsarbeitsdienst als Vorbild. Schon gar nicht besteht gegenwärtig die reale Gefahr, dass eine Dienstpflicht das Aufkommen eines totali-

---

[1] Es handelt sich bei diesem Aufsatz um die aktualisierte und stark erweiterte Version eines Textes, der in Teilen unter Dietz (2025) erschienen ist (vgl. zudem Dietz und Schubert 2023).

tären Staates begünstigen könnte. Man muss aus der Geschichte lernen und sensibel für mögliche Fehlentwicklungen bleiben. Das bedeutet in der heutigen Dienstpflicht-Diskussion insbesondere, dass nicht an den Bedürfnissen der Jugendlichen vorbeigeplant werden darf und dass die jungen Menschen nicht gänzlich ihrer Selbstinitiative entzogen werden dürfen. In diesem Sinne ist auf ihre Beteiligung im Diskurs ebenso zu achten wie auf ausreichende Wahlfreiheiten im schließlich umgesetzten Modell.

Aktuell konkurrieren in der gesellschaftlichen Debatte um Wehrpflicht und allgemeine Dienstpflicht vor allem vier konkrete Modelle miteinander (vgl. Haß und Nocko 2024, S. 8 ff.): *Erstens* schlug Bundespräsident Frank-Walter Steinmeier im Jahr 2022 eine soziale Pflichtzeit vor, die sechs bis zwölf Monate dauern und zu unterschiedlichen Zeitpunkten im Leben möglich sein solle. Im Vordergrund dieses Ansatzes steht der Einsatz für Demokratie und eine menschliche Gesellschaft. *Zweitens* sprach sich die CDU bei ihrem Parteitag im Mai 2024 dafür aus, zunächst die Wehrpflicht schrittweise wieder einzuführen und diese langfristig in ein verpflichtendes Gesellschaftsjahr umzuwandeln, wie es seit 2022 im CDU-Grundsatzprogramm verankert ist. Dieses Gesellschaftsjahr soll zwölf Monate dauern, für Schulabgängerinnen und Schulabgänger verpflichtend sein und das Zusammenkommen verschiedener Milieus, eine Stärkung des Ehrenamtes sowie die Verteidigungsfähigkeit befördern. Friedrich Merz bekräftigte im November 2024, das Thema in der neuen Wahlperiode auf die Tagesordnung setzen zu wollen (vgl. CDU 2024). *Drittens* fordern die Sozialverbände schon sehr lange und zuletzt in einem Impulspapier vom Juni 2024 (vgl. Bundesarbeitskreis FSJ u.a. 2024) eine Stärkung der Freiwilligendienste, die immer wieder von Kürzungen im Bundeshaushalt bedroht sind. Nachdem für das Jahr 2024 mit Mühe eine Mittelkürzung abgewendet werden konnte, wurde für das Jahr 2025 eine solche um 12 % beschlossen. Die geforderte Stärkung fokussiert anstelle einer Verpflichtung auf einen Rechtsanspruch auf einen freiwilligen Dienst (inklusive der Möglichkeit eines Dienstes bei der Bundeswehr) mit einer Bezahlung in Bafög-Höhe. Ein solcher Rechtsanspruch könnte mit staatlicher Werbung für bestimmte Berufsfelder oder kleineren Pflichtelementen (z. B. einer Beratungspflicht) kombiniert werden (vgl. Fischer 2024). Die Bertelsmann Stiftung (2024) schließt sich diesem Modell in ihrer Studie „Ermöglichen und gewährleisten" an. *Viertens* plädierte Verteidigungsminister Boris Pistorius im Juni 2024 für die stufenweise Einführung eines sogenannten „neuen Wehrdienstes", der weitgehend auf Freiwilligkeit beruht und vom schwedischen Modell inspiriert ist. Danach müssen junge Männer einen Musterungsbogen ausfüllen. Dieser sollte jedoch, wenn es nach Pistorius oder nach der Wehrbeauftragten des Bundestages Eva Högl (SPD) ginge, nur der erste Schritt hin zu einem einjährigen verpflichtenden Gesellschaftsdienst für junge Männer und Frauen sein (vgl. u. a. Frankfurter Rundschau 2024). Ein entsprechender Gesetzesentwurf für eine Fragebogenpflicht für Männer sowie eine schrittweise moderate Erhöhung der Ausbildungsplätze bei der Bundeswehr wurde im November 2024 vom Kabinett gebilligt. Nach dem Auseinanderbrechen der Bundesregierung kam es jedoch nicht mehr zu einer Entscheidung in Bundestag und Bundesrat, sodass die Debatte in eine neue Runde gehen wird.

2   Theologische Zugänge

Theologie reflektiert den christlichen Glauben und bringt ihn ins Gespräch. Öffentliche Theologie beteiligt sich kritisch an Diskursen, so beispielsweise auch am Diskurs zur allgemeinen Dienstpflicht. Evangelische Ethik bringt – so wie jeder andere ethische Ansatz – eine bestimmte Perspektive oder Tradition in den ethischen Diskurs der pluralistischen Gesellschaft ein mit dem Ziel überlappender Konsense. Das Selbstverständnis evangelischer Ethik ist das einer „Begleitwissenschaft", nicht das einer „Bescheidwissenschaft" (Trutz Rendtorff). Es geht in einer so verstandenen Ethik weniger um Antworten einer Expertin oder eines Experten als um eine differenzierte Situationswahrnehmung, um Verständigung, um Abwägung, um einen Prozess des täglich neuen Balancierenlernens. Evangelische Ethik wird entsprechend auf einen klerikalen Absolutheitsanspruch sowie auf den Gestus der Besserwisserei verzichten. Stattdessen wird sie die Strittigkeit komplexer ethischer Probleme aushalten, versuchen, der und dem

Einzelnen Anregungen zur Gewinnung einer eigenen Position zu geben, und „den Raum bereitstellen, in dem jede Seite auf die Argumente der anderen Seite hört und so versucht, zu einer gemeinsamen Lösung zu kommen" (Lange 1992, S. 474). Evangelische Ethik vermeidet ein Abgleiten in Moralismus, da menschliches Handeln nach evangelischem Verständnis nie heilsentscheidend ist. Und evangelische Ethik kann ideologiekritisch und klärend wirken, indem sie weltanschauliche Voraussetzungen unterschiedlicher Positionen transparent macht. Wesentliche Kriterien evangelischer Ethik sind erstens ein Menschenbild, das die unbedingte Menschenwürde trotz Erlösungsbedürftigkeit betont, woraus zweitens die Freiheit zur Zuwendung zu den Mitmenschen und zur damit verbundenen verantwortlichen sozialen Gestaltung resultiert, bei der drittens die Solidarität mit Entrechteten und Entwürdigten eine zentrale Rolle spielt.

Das Thema „allgemeine Dienstpflicht" steht an der Schnittstelle von Politischer Ethik, Ethik des Sozialen sowie Friedensethik. In der Politischen Ethik geht es um die Gestalt der Ordnung des Gemeinwesens und die Ziele politischer Gestaltung. Anders als in früheren Zeiten wollen Kirche und Theologie heute nicht mehr unkritisch bestehende staatliche Ordnungen legitimieren. Aber nach wie vor grundlegend für eine evangelische politische Ethik ist die reformatorische Zwei-Regimente-Lehre, die ein grundsätzlich positives Verhältnis zum Staat ermöglicht (der in Gottes Auftrag dem Bösen wehren und das Gute fördern soll) und gleichzeitig staatlichen Totalitarismus ablehnt. Daher bedarf es guter Gründe für eine Einschränkung bürgerlicher Freiheitsrechte, beispielsweise im Zuge einer Dienstpflicht. Im Unterschied zu vergangenen Zeiten hat evangelische Ethik heute ein positives Verhältnis zur Demokratie. Sie ermutigt zur Mitwirkung der Bürgerinnen und Bürger an der Formulierung von Rechten und Pflichten und zur Übernahme von Verantwortung für das Gemeinwesen (vgl. EKD 1990, S. 17 ff.).

In der Ethik des Sozialen geht es um Fragen sozialer Gerechtigkeit, also der angemessenen gesellschaftsstrukturellen Verteilung von Anerkennungs-, Teilnahme- und Teilhabechancen (vgl. Meireis 2015). Im Blick auf die Dienstpflicht-Debatte sind hier insbesondere die Fragen nach möglichen wohlfahrtsstaatlichen Auswirkungen, nach der gerechten Verteilung von Belastungen sowie nach Bildungs- und Integrationschancen relevant. Der Begriff „Dienst" als Bestandteil des Ausdrucks „Dienstpflicht" gehört in Form des Gedankens des Dienstes am Nächsten zum Kern christlicher Ethik. Dienen im christlichen Sinne ist dabei zu verstehen als Annahme oder Anerkennung eines Auftrags aus freier Entscheidung, also nicht als „Sklavenmoral" (Friedrich Nietzsche). Vor allem im Bereich der Diakonie wurde der Dienstbegriff früher mitunter instrumentalisiert, um ausbeuterische Arbeitsstrukturen theologisch zu legitimieren. Insofern muss evangelische Ethik an dieser Stelle besonders sensibel sein, beispielsweise im Blick auf den Missbrauch wohlklingender ethischer Begriffe in der Dienstpflicht-Debatte. So ist die Forderung nach Gemeinsinn und bürgerschaftlichem Engagement ambivalent, wenn sie zur Legitimation von Sozialabbau oder zur Kaschierung sozialpolitischen Versagens instrumentalisiert wird (vgl. Dyk und Haubner 2021, S. 10 f.). Seit der Aussetzung der Wehrpflicht wurde die Dienstpflicht-Diskussion häufig im Kontext der Frage nach der Zukunft von Freiwilligendiensten geführt und der Eindruck erweckt, dass man sich zwischen beiden Ansätzen entscheiden müsse. Diese irreführende Alternative wird beispielsweise auch im EKD-Text „Freiheit und Dienst" von 2006 eröffnet (vgl. EKD 2006). Die Ablehnung einer Dienstpflicht in jüngeren kirchlichen und diakonischen Stellungnahmen wird außerdem oft damit begründet, dass sie im Widerspruch zu einem christlichen Freiheitsverständnis und Menschenbild stehe und Freiwilligkeit eine Voraussetzung für Bildungsprozesse darstelle. Diese Argumentation muss jedoch theologisch hinterfragt werden (vgl. das reformatorische Verständnis „von der Freiheit eines Christenmenschen").

In der Friedensethik geht es um vorzugswürdige Handlungen und Strategien zur Schaffung oder Erhaltung von Frieden. In den letzten Jahren wuchs – auch in der theologischen Friedensethik – das Bewusstsein um die Bedeutung militärischer Wehrhaftigkeit, was sich nicht zuletzt auch in der bereits genannten Schwerpunktverlagerung in der Dienstpflicht-Debatte spiegelt.

3 Sicherheitspolitische Aspekte

Der Ukrainekrieg hat vielen schmerzlich bewusst gemacht, dass unsere Gesellschaft derzeit weder im Kriegsfall noch im flächendeckenden Katastrophenfall ausreichend robust wäre. Außerdem wurde offenkundig, dass die Bundeswehr angesichts fehlenden Materials und Personals nur begrenzt einsatzbereit ist. Die Bundeswehr wird aufgrund der neuen Bedrohungslage sowie der steigenden NATO-Anforderungen künftig mehr Personal benötigen. Bis vor kurzem hieß es noch seitens der Bundeswehr, es würden flexible kleinere Einheiten professioneller, lange ausgebildeter Berufssoldaten für internationale Einsätze benötigt und für sehr große Zahlen Dienstpflichtiger bestehe kein militärischer Bedarf. Diese Einschätzung hat sich jedoch mit der neuen Bedrohungslage verändert; mittlerweile wird von der Notwendigkeit großer personeller Aufstockungen gesprochen. Tatsächlich gehen die Bewerbungen jedoch zurück. Insbesondere angesichts des Ukrainekrieges soll die Bundeswehr, wenn es nach dem Verteidigungsminister Pistorius geht, in drei bis fünf Jahren „kriegstüchtig" (Pistorius 2024). werden. Viele halten dies für wenig realistisch, da sich die Bundeswehr in einer tiefen Krise befindet. Beobachterinnen und Beobachter sprechen von defekten Panzern, fehlender Munition sowie frustrierten Soldatinnen und Soldaten, deren Zahl im vergangenen Jahr trotz verstärkter Rekrutierungsbemühungen auf unter 180.000 gesunken ist. Daher wird aktuell eine Wiedereinführung der Wehrpflicht vielfach politisch gefordert, teilweise unabhängig von der Dienstpflicht-Debatte, teilweise mit dieser verknüpft. Alle aktuell diskutierten Dienstpflicht-Varianten sehen die Bundeswehr als einen möglichen Einsatzbereich vor, insofern dürfte im Zuge der Einführung einer allgemeinen Dienstpflicht mit positiven Rekrutierungseffekten ebenso wie mit positiven Auswirkungen auf das gesellschaftliche Ansehen der Bundeswehr gerechnet werden.

Der Verteidigungsexperte Frank Sauer betont, dass es nicht ausreiche, nur an die Bundeswehr zu denken, vielmehr müsse unser Land auf allen Ebenen widerstandsfähiger und krisenfester werden. Der Katastrophen- und Zivilschutz müsse gestärkt und wieder ins Bewusstsein der Bevölkerung gerückt sowie die Resilienz in der Bevölkerung insgesamt erhöht werden (vgl. Sauer und Winter 2024). Während früher die Gefahr von Kriegen der primäre Anlassgrund für eine Inpflichtnahme aller Bürger war, ist künftig auch das zunehmende Risiko im Blick auf Notstände durch Krisen und Umweltkatastrophen zu berücksichtigen. Martin Zeidler, Abteilungsleiter im Bundesamt für Bevölkerungsschutz und Katastrophenschutz, plädierte im Oktober 2024 für eine „Bewusstseinsbildung für den Zivilschutz, denn in Katastrophenfällen vergingen aus logistischen Gründen 72 h, ehe mit koordinierter staatlicher Hilfe zu rechnen sei" (Bezirksregierung Arnsberg 2024). Ein Hauptargument für die Einführung einer Dienstpflicht ist daher ihr Beitrag zu solch einer Bewusstseinsbildung und dadurch zu einem funktionierenden Bevölkerungsschutz, einer wirksamen Katastrophenvorsorge und einer krisenfesten Daseinsvorsorge. Um als Gesellschaft katastrophenresilient zu werden, reicht wahrscheinlich Freiwilligkeit nicht aus, denn zdur Hilfsbereitschaft muss auch Kompetenz kommen, die langfristig vorbereitet werden muss. Die Vermittlung entsprechender Kompetenzen könnte natürlich auch auf anderen Wegen erfolgen, beispielsweise durch die Aufnahme in schulische Lehrpläne oder durch Anreize zur Teilnahme an staatlich organisierten Fortbildungen (vgl. Poutvaara 2025, S. 81).

4   Gender-Aspekte

Sowohl im Blick auf die mögliche Einführung einer allgemeinen Dienstpflicht als auch im Blick auf eine Wiedereinführung der Wehrpflicht wird diskutiert, ob diese auch für junge Frauen gelten sollte. Bislang sind Frauen nach Art. 12a GG von einer Wehrpflicht ausgeschlossen, wenngleich sie seit 2001 freiwillig Wehrdienst an der Waffe leisten dürfen. Bei Modellen ohne Grundgesetzänderung, wie dem sogenannten „neuen Wehrdienst" von Pistorius, wären daher Frauen ausgenommen. Die Mehrheit der Bevölkerung sowie viele Wissenschaftlerinnen und Wissenschaftler halten eine Verpflichtung nur für Männer nicht mehr für zeitgemäß. Manche Stimmen argumentieren jedoch, dass es ungerecht wäre, Frauen durch einen verpflichtenden Dienst zusätzlich zu belasten, solange sie nach wie vor faktisch einen größeren Teil der Sorge- und Familienarbeit übernehmen. So argumentiert auch die EKD. Auf der anderen Seite könnte durch eine anhaltende gesetzliche Ungleichbehandlung auch ein unbeabsichtigter Beitrag zur Festigung überholter Rollenbilder geleistet und ein moralischer Druck für Frauen zur Übernahme von Pflege- und Erziehungstätigkeiten begründet werden. Außerdem kann gendertheoretisch argumentiert werden, dass der Ausschluss von Frauen Bemühungen um Gleichberechtigung untergräbt, indem er die binäre Konstruktion von Geschlecht aufrechterhält. Frauen wird ein friedfertigeres Wesen als Männern zugeschrieben, was die Konstruktion des Mannes als dominant ermöglicht und Frauen die Mitverantwortung für sicherheitspolitische Fragen entzieht. Selten gesehen wird zudem, dass diese Debatte weitgehend nichtbinäre und trans*Personen ignoriert, die in dieser dichotomen Logik keinen Platz finden und dadurch marginalisiert werden (vgl. Löw 2025, S. 198 ff.).

5 Gesellschaftspolitische und sozialpolitische Aspekte

Neben den Debatten zu Wehrhaftigkeit und Krisenresilienz erlebt auch die Debatte zum Thema des gesellschaftlichen Zusammenhalts seit einigen Jahren eine Konjunktur. Die statistisch wahrnehmbare Zunahme von Vereinzelung, Intoleranz (Blasen-Phänomen im Internet) und Unzufriedenheit mit dem Funktionieren der Demokratie begünstigen eine Erosion des gesellschaftlichen Zusammenhalts, die vielfach in Form einer Polarisierung wahrgenommen wird. Gelegentlich wird diese Polarisierung von einzelnen Sozialwissenschaftlerinnen und Sozialwissenschaftlern infrage gestellt mit Verweis darauf, dass in anderen Ländern die Uneinigkeit in ethischen und politischen Fragen oder die ökonomische Ungleichheit teilweise noch stärker ausgeprägt seien als in Deutschland. Insofern sei besser nur vom Vorhandensein einzelner politischer Triggerthemen, die Polemik fördern, zu sprechen als von einer wirklichen Spaltung (vgl. Mau et al. 2023,

S. 25 ff.). Dies wird jedoch der Erfahrung vieler Menschen, wie zuletzt in besonderer Weise im Bundestagswahlkampf, nicht gerecht. Vor diesem Hintergrund ist der mögliche Beitrag zu einer Stärkung des gesellschaftlichen Zusammenhalts das am häufigsten genannte Argument für die Einführung einer allgemeinen Dienstpflicht. Die Zivilgesellschaft ist das Fundament funktionierender Demokratie. Eine solidarische Gemeinschaft mit einem ausgewogenen Verhältnis von Rechten und Pflichten ist wiederum das Fundament der Zivilgesellschaft. Darum sind die Förderung und die Einübung individuellen Engagements und gegenseitiger Verantwortungsübernahme entscheidend wichtig. Darin liegt eine große Chance der Dienstpflicht. Die Gesellschaft braucht mehr Lern- und Erfahrungsräume für bürgerschaftliches Engagement, das als sozialer Kitt die Gesellschaft zusammenhält, und für die Begegnung von Menschen unterschiedlicher ökonomischer und weltanschaulicher Milieus.

Dieses Argument für das pädagogische Potenzial einer allgemeinen Dienstpflicht als einem non-formalen Bildungsort für bürgerschaftliches Engagement und Toleranz wird gestützt durch Erfahrungen der Freiwilligendienste sowie des damaligen Zivildienstes. So belegen Studien, dass dort unter anderem Selbstständigkeit, Selbstbewusstsein, Realitätssinn, Toleranz, Verantwortungsbewusstsein, Hilfsbereitschaft, sozialpolitisches Interesse und Engagementbereitschaft bei den Dienstleistenden wachsen (vgl. Wüstendörfer und Becker 2000, S. 123). Im Blick auf die Qualitätsstandards pädagogischer Betreuung kann von den Freiwilligendiensten gelernt werden, welche übrigens durch eine allgemeine Dienstpflicht nicht eingeschränkt, sondern sogar noch (als anerkanntes Surrogat) ausgebaut werden sollten. Doch während Freiwilligendienste derzeit eine Nische für weibliche deutsche Jugendeliten darstellen (vor allem aufgrund der niedrigen Bezahlung), könnten durch eine Dienstpflicht allen jungen Menschen die damit verbundenen Bildungs- und Teilhabechancen gegeben werden – und sogar noch die Integrationschancen für junge Menschen mit Migrationshintergrund (auch ohne deutschen Pass) verbessert werden. Einige Gegnerinnen und Gegner der Dienstpflicht in Kirche und Diakonie argumentieren, dass Freiwilligkeit eine Voraussetzung für Bildungsprozesse sei. Aus theologischer Sicht liegen dieser Sicht jedoch ein unangemessenes Menschenbild und Freiheitsverständnis zugrunde. Die Kultivierung von Freiheit schließt in der pädagogischen Praxis Zwang und Autorität nicht aus – das zeigt beispielsweise die Schulpflicht. Pädagogischer Zwang kann dadurch gerechtfertigt sein, dass es ohne ihn nicht zu bestimmten Bildungsprozessen kommen kann, deren Ziel wiederum eine selbstbestimmte Persönlichkeit ist (vgl. Kant 1803, S. 27). Es muss dabei natürlich auch kritisch reflektiert werden, inwieweit die Erziehung erwachsener Menschen ein legitimes politisches Ziel für einen demokratischen Staat darstellen kann und wo hier die Grenzen liegen. Meines Erachtens könnte als Grundsatz gelten: Werte aufzwingen? Nein. – Lernorte schaffen? Ja.

Eine sozialpolitische Betrachtung macht auf ambivalente Aspekte der Dienstpflicht-Idee aufmerksam. So ist die Sorge vor einer politischen Instrumentalisierung des Ansatzes zur Legitimation von Sozialabbau in Zeiten einer ohnehin stattfindenden „Verzivilgesellschaftlichung der sozialen Frage" nicht unbegründet. Silke van Dyk (2025, S. 38) interpretiert die allgemeine Dienstpflicht kritisch als „Verstaatlichung der Verzivilgesellschaftlichung der sozialen Frage". Auch wenn der Ansatz mitunter als vermeintliche Antwort auf das Problem des Fachkräftemangels betrachtet wird, ist dies hochproblematisch. Stattdessen geht es bei den Tätigkeiten der Dienstpflichtigen um zusätzliche, unterstützende, arbeitsmarktneutrale Tätigkeiten. Die Befürchtung der Kritikerinnen und Kritiker, dass sich die angestrebte Arbeitsmarktneutralität in der Praxis nicht durchhalten lasse, hat sich angesichts empirischer Studien auch schon beim Zivildienst als weitgehend unbegründet erwiesen (vgl. BMFSFJ 2002, S. 101, 150 u. 576). Nichtsdestotrotz ist an dieser Stelle Wachsamkeit geboten: Die Arbeitsmarktneutralität der Tätigkeiten müsste regelmäßig überprüft werden. Auf der anderen Seite können die Befürworterinnen und Befürworter einer Dienstpflicht-Idee am Beispiel des früheren Zivildienstes auf belegbare positive Effekte eines sozialen Pflichtdienstes verweisen. Untersuchungen zeigen nicht nur Qualitätssteigerungen der Arbeit im Sozialbereich durch die Ermöglichung zusätzlicher Angebote, sondern auch positive soziale Lerneffekte und erhöhte Rekrutierungschancen künftiger Haupt- und Ehrenamtlicher.

6 Ökonomische Aspekte

Betriebswirtschaftlich lohnt sich der Einsatz von Dienstpflichtigen für soziale Einrichtungen, wenn der Staat einen großen Anteil der Personalkosten trägt. Entscheidend für die Debatte sind daher vor allem die volkswirtschaftlichen Kosten, die angesichts des Arbeitskräftemangels in einer alternden Gesellschaft nicht unbeträchtlich sein dürften, wie beispielsweise der damalige Finanzminister Christian Lindner im April 2024 betonte (vgl. Kauschanski 2024). Die genaue Höhe dieser Kosten ist umstritten. Es liegen Schätzungen zwischen 14 Mrd. und 79 Mrd. € vor. Es ist unklar, welche ökonomischen und gesellschaftlichen Effekte in die Kosten-Nutzen-Rechnung einbezogen werden sollen. Neben den Personalkosten müssen unter anderem entgangene Steuereinnahmen und Sozialabgaben, Verwaltungskosten sowie Opportunitätskosten (entgangene Arbeitskraft an effizienteren Einsatzorten) sowie entgangener Lohn durch einen späteren Berufseinstieg berücksichtigt werden. Außerdem würde eine Dienstpflicht zunächst wohl den Arbeitskräftemangel verschärfen und durch die Verschiebung von qualifizierter zu unqualifizierter Arbeit Wertschöpfung vernichten, wie der Ökonom Friedrich Heinemann (2024) vom Leibniz-Zentrum für Europäische Wirtschaftsforschung zu Bedenken gibt.

Eine Studie des Münchner ifo-Instituts für Wirtschaftsforschung vom Juli 2024 rechnet mit besonders hohen volkswirtschaftlichen Kosten einer Wehrpflicht im Rahmen eines sozialen Pflichtjahres. Danach belaufen sich diese auf 79 Mrd. € pro Jahr (davon allein 17,1 Mrd. € durch einen vermuteten Rückgang des BIP). Kritikerinnen und Kritiker dieser Berechnung weisen darauf hin, dass die Rechnung davon ausgehe, dass die Dienstleistenden in der ganzen Zeit ansonsten einer Erwerbsarbeit nachgegangen wären. Aber tatsächlich seien die Übergangszeiten zwischen Schule und Beruf sowieso länger geworden, und außerdem seien Modelle denkbar wie eine Anrechnung des Dienstjahres als zehntes Schuljahr (vgl. Haß und Nocko 2024, S. 32). Zudem werde bei der Rechnung vorausgesetzt, dass die Dienstleistenden im Rahmen des Dienstes keine Qualifikationen erwerben. Aber die Betroffenen – so das Gegenargument – säßen ja nicht nur herum, sondern machten zum Beispiel einen Lkw-Führerschein oder einen Schweißerschein. Schließlich werde eine deutlich höhere Bezahlung als bei den derzeitigen Freiwilligendiensten der Berechnung zugrunde gelegt (vgl. Haß und Nocko 2024, S. 15).

Die Standard-Argumentation liberaler Ökonominnen und Ökonomen lautet: Wenn die Diensttätigkeit für den Einzelnen oder die Einzelne wohlstandssteigernd wäre, müssten er oder sie nicht dazu verpflichtet werden, sondern würden sie freiwillig leisten. Vor allem aber ließen sich öffentliche Güter durch eine Dienstpflicht nicht effizienter erbringen als durch den freien Markt und spezialisierte Arbeitsteilung. Darum sei die Dienstpflicht-Idee unter ökonomischen Gesichtspunkten abzulehnen (vgl. Poutvaara 2025, S. 64 ff.). Dem ist entgegenzuhalten, dass viele erhoffte positive Effekte (z. B. Bildung jenseits beruflicher Qualifizierung, Integration, vermehrte Entscheidungen für eine gemeinwohldienliche Ausbildung oder für freiwilliges Engagement im Sozialbereich) sich zwar nicht eindeutig quantifizieren lassen, aber dennoch berücksichtigt werden müssen. Die Dienstpflicht sollte weniger im Blick auf einen erwarteten ökonomischen Nutzen als im Blick auf einen erwarteten gesellschaftspolitischen Nutzen eingeführt werden, könnte also als Investition in das Gemeinwohl angesehen werden. Natürlich können Dienstpflichtige keine qualifizierten Fachkräfte billig ersetzen, und das sollen sie auch gar nicht. Es geht ja gerade nicht um einen Vorschlag zur Lösung des Fachkräfteproblems oder zur Effizienzsteigerung auf dem Sozialmarkt, wie Ökonominnen und Ökonomen unterstellen. Ökonomische Effizienz ist nicht das einzige Kriterium, sonst müsste man dafür plädieren, dass schlechte Schülerinnen und Schüler bessere Schülerinnen und Schüler dafür bezahlen sollten, ihre Hausaufgaben zu erledigen.

7   Juristische Aspekte

In ethischen und politischen Diskursen in Deutschland wird oft suggeriert, die Entscheidung läge am Ende bei den Juristinnen und Juristen. Bei der Dienstpflichtdebatte wird der Verweis auf die Rechtslage häufig taktisch zur Diskursbeendigung eingesetzt.

Aber ein Verweis auf die momentane Rechtslage kann nicht als Antwort auf politische Fragen ausreichen, weil das Recht demokratisch gestaltbar ist. Zwar bedarf es für eine Einschränkung bürgerlicher Freiheitsrechte guter Gründe, aber solche kann es durchaus geben. Der Staat darf von den Bürgerinnen und Bürgern erwarten, dass sie etwas für das Gemeinwesen tun (es gibt nicht nur Rechte, sondern auch Pflichten). Dabei muss demokratisch ausgehandelt werden, welches Maß an Zwang eine Gesellschaft aus welchen Gründen und im Hinblick auf welche Ziele als legitim erachtet (z. B. die Steuerpflicht oder die Bereitstellung bestimmter öffentlicher Güter). Im Blick auf das Verfassungsrecht kann festgestellt werden: Für die Einführung einer allgemeinen Dienstpflicht wäre eine Grundgesetzänderung nötig. Der Begriff „herkömmlich" in Art. 12 Abs. 2 GG („Niemand darf zu einer bestimmten Arbeit gezwungen werden, außer im Rahmen einer herkömmlichen allgemeinen, für alle gleichen öffentlichen Dienstleistungspflicht.") müsste gestrichen werden. Alternativ könnte auch ein neuer Artikel 12b ergänzt werden (vgl. Weber 2025, S. 48 ff.).

Im Blick auf das Europarecht beziehungsweise Völkerrecht kann festgestellt werden: Ob eine Dienstpflicht mit europäischem Recht vereinbar ist, ist umstritten. Der Wissenschaftliche Dienst des Deutschen Bundestages vertritt die Position einer Unvereinbarkeit. Dabei verweisen neue Veröffentlichungen mittlerweile sogar selbstreferenziell auf Ergebnisse älterer Ausarbeitungen aus dem eigenen Haus. Diese Position wird in der Debatte von Gegnerinnen und Gegnern der Dienstpflicht regelmäßig zitiert. Tatsächlich ist jedoch völkerrechtlich noch nichts entschieden. Entscheidungen internationaler Gerichte zum Konzept der allgemeinen Dienstpflicht existieren bislang nicht. Zugleich ist die Auslegung des Völkerrechts dynamischer als die des Grundgesetzes. Beim Verbot von Zwangsarbeit gibt es Auslegungsspielräume, nach denen eine einjährige Dienstpflicht mit Wahl- und Gestaltungsmöglichkeiten zur Stärkung des gesellschaftlichen Zusammenhalts wahrscheinlich nicht mit Zwangsarbeit in einem totalitären Staat gleichgesetzt würde (vgl. Weber 2025, S. 53 ff.).

8 Fazit

Die Frage, inwieweit eine allgemeine Dienstpflicht in der Debatte um die Wiedereinführung der Wehrpflicht eine gute Alternative darstellt, kann nur differenziert beantwortet werden. Die Chancen einer Dienstpflicht liegen in ihrem möglichen Beitrag zur Stärkung des gesellschaftlichen Zusammenhalts sowie der Krisenresilienz. Sie könnte wertvolle Bildungserfahrungen ermöglichen im Sinne einer Einübung bürgerschaftlichen Engagements sowie eines solidarischen Miteinanders in Vielfalt. Eine allgemeine Dienstpflicht könnte in diesem Sinne langfristig zu einem Band werden, das unsere Gesellschaft zusammenhält und zudem die Integration von Zuwanderinnen und Zuwanderern erleichtert.

Doch die Dienstpflicht-Idee stößt auch an Grenzen. Eine Dienstpflicht würde Gesetzesänderungen erfordern, Geld kosten und erst mittelfristig Effekte erzielen. Sie funktioniert nicht als Modell zum Kostensparen oder zum Ausgleich des Fachkräftemangels im Sozialbereich. Sie darf weder eine Deprofessionalisierung sozialer Berufe befördern noch politischen Sozialabbau legitimieren. Insgesamt darf die Dienstpflicht-Idee nicht mit zu vielen und zu hohen Erwartungen überfrachtet werden. Sie ist kein Allheilmittel zur Lösung aller (strukturellen) gesellschaftlichen Probleme.

Die konkrete Gestaltung der Rahmenbedingungen ist für eine ethische Gesamtbewertung der allgemeinen Dienstpflicht entscheidend: hohe Betreuungsstandards, unbedingte Arbeitsmarktneutralität, langsame und schrittweise Einführung, Berücksichtigung der Interessen der jungen Menschen (freie Wahlmöglichkeiten, attraktiver Einsatzorte), Vermeidung ungerechter Belastungshäufungen (Erziehungs- oder Pflegeleistungen unabhängig vom Geschlecht anerkennen). Die Kritikerinnen und Kritiker der Dienstpflicht-Idee sind (mit guten Gründen) skeptischer als die Befürworterinnen und Befürworter, ob eine Durchsetzung dieser Rahmenbedingungen gelingt. Vor allem angesichts der finanziellen Kürzungsdebatten in der Politik im Blick auf die Freiwilligendienste erscheint eine Skepsis bezüglich der Garantie hoher Qualitätsstandards bei der Betreuung der Dienstpflichtigen durchaus berechtigt. Außerdem blieben in der bisherigen politischen Debatte wichtige Fragen, wie Sanktionen, Generationengerechtigkeit, volkswirtschaftliche Aspekte, Betreuungsstrukturen sowie Reservistenstatus und dauerhafte Folge-Qualifizierungen im zivilen Bereich, ungeklärt (vgl. Haß und Nocko 2024, S. 13.).

Die Einführung einer allgemeinen Dienstpflicht könnte aufgrund der benötigten Rahmenbedingungen (Betreuungskapazitäten, Grundgesetzänderung usw.) nur langfristig und nach angemessener gesellschaftlicher Debatte – unter Beteiligung der jungen Generation – erfolgen. Die Wehrbeauftragte Eva Högl fordert darum die Einrichtung eines Bürgerrates (vgl. dpa 2024.). Kurzfristig sind ein Ausbau der Freiwilligendienste (Rechtsanspruch) sowie die Gewinnung zusätzlicher Rekruten in benötigter Höhe durch eine Bestandsaufnahme verbunden mit motivierender Information (Fragebogen gemäß schwedischem Modell) oder Beratungspflicht sinnvoll. Mehr ist mit den aktuellen Strukturen der Bundeswehr zurzeit auch gar nicht umsetzbar. Allein die Kosten für einen Kasernen-Neubau belaufen sich auf 70 Mrd. €. Für die Musterung und Ausbildung ganzer Kohorten von Schulabgängern fehlt derzeit die Infrastruktur (vgl. Lau und Schieritz 2024). Immerhin könnten sich Befürworterinnen und Befürworter sowie Gegnerinnen und Gegner der Dienstpflicht-Idee aktuell im Blick auf pragmatische kurzfristige Maßnahmen einigen.

Literatur

Bertelsmann Stiftung (Hrsg.). 2024. *Ermöglichen und gewährleisten*. Gütersloh: Bertelsmann Stiftung.

Bezirksregierung Arnsberg. 2024. Eindeutiges Plädoyer für allgemeine Dienstpflicht. https://www.bra.nrw.de/presse/eindeutiges-plaedoyer-fuer-allgemeine-dienstpflicht. Zugegriffen: 9. November 2024.

Bundesarbeitskreis FSJ u.a. 2024. Freiwilligendienste 2030. Vision für eine Kultur selbstverständlicher Freiwilligkeit. https://bak-fsj.de/wp-content/uploads/2024/09/Freiwilligendienste-Rechtsanspruch-Sept-2024.pdf. Zugegriffen: 4. November 2024.

Bundesministerium für Familie, Senioren, Frauen und Jugend (BMFSFJ) (Hrsg.). 2002. *Zivildienst und Arbeitsmarkt*. Berlin: BMFSFJ.

Christlich Demokratische Union Deutschlands (CDU). 2024. Neue Dienstpflicht soll Wehrdienst ergänzen. https://www.cdu.de/aktuelles/aussen-und-sicherheitspolitik/neue-dienstpflicht-soll-wehrdienst-ergaenzen/. Zugegriffen: 4. Februar 2024.

Deutsche Presseagentur (dpa). 2024. Högl will Bürgerrat zur Wehrpflicht. *Süddeutsche Zeitung* 13. Februar 2024. https://www.sueddeutsche.de/politik/wehrbeauftragte-hoegl-will-buergerrat-zur-wehrpflicht-1.6356606. Zugegriffen: 9. November 2024.

Dietz, Alexander. 2025. Die allgemeine Dienstpflicht. Ein alternativer Beitrag zur Wehrhaftigkeit, Resilienz und Nachhaltigkeit? In *Umstrittene allgemeine Dienstpflicht*, hrsg. von Alexander Dietz und Hermann Diebel-Fischer, 5–21. Berlin: LIT Verlag.

Dietz, Alexander und Hartwig von Schubert. 2023. *Brauchen wir eine allgemeine Dienstpflicht?* Leipzig: Evangelische Verlagsanstalt.

Dyk, Silke van. 2025. Vom freiwilligen Engagement zum sozialen Pflichtjahr? Wider eine allgemeine Dienstpflicht in Zeiten des Community-Kapitalismus. In *Umstrittene allgemeine Dienstpflicht*, hrsg. von Alexander Dietz und Hermann Diebel-Fischer, 25–41. Berlin: LIT Verlag.

Dyk, Silke van und Tine Haubner. 2021. *Community-Kapitalismus*. Hamburg: Hamburger Edition.

Evangelische Kirche in Deutschland (EKD). 1990. *Evangelische Kirche und freiheitliche Demokratie. Der Staat des Grundgesetzes als Angebot und Aufgabe. Eine Denkschrift der Evangelischen Kirche in Deutschland*. 4. Aufl. Gütersloh: Gütersloher Verlagshaus.

Evangelische Kirche in Deutschland (EKD). 2006. *Freiheit und Dienst*. Hannover: Kirchenamt der EKD.

Fischer, Jörn. 2024. Lieber ein Dienstrecht statt einer Dienstpflicht. *Frankfurter Rundschau* 1. April 2024. https://www.fr.de/meinung/lieber-ein-dienstrecht-statt-einer-dienstpflicht-92923607.html. Zugegriffen: 4. November 2024.

Frankfurter Rundschau. 2024. Wehrbeauftragte beklagt: Bundeswehr fehlen Tausende Soldaten. https://www.fr.de/politik/wehrbeauftragte-beklagt-bundeswehr-fehlen-tausende-soldaten-zr-93489556.html. Zugegriffen: 4. Februar 2025.

Haß, Rabea und Grzegorz Nocko. 2024. *Ein Gesellschaftsdienst für alle. Eine Konkretisierung*. Frankfurt: Hertie-Stiftung.

Heinemann, Friedrich. 2024. Kommentar zur Debatte um eine allgemeine Dienstpflicht. https://www.zew.de/presse/pressearchiv/zew-oekonom-friedrich-heinemann-zur-debatte-um-eine-allgemeine-dienstpflicht. Zugegriffen: 8. November 2024.

Ipsos. 2024. Große Mehrheit für Einführung eines verpflichtenden Gesellschaftsjahres. Presseinformation vom 4. Juni 2024. https://www.ipsos.com/de-de/grosse-mehrheit-fur-einfuhrung-eines-verpflichtenden-gesellschaftsdienstes. Zugegriffen: 4. Februar 2025.

Kant, Immanuel. 1803. *Über Pädagogik*. Königsberg: Friedrich Nicolovius.

Kauschanski, Alexander. 2024. Lindner gegen allgemeine Dienstpflicht in der Bundeswehr. https://www.spiegel.de/politik/deutschland/christian-lindner-finanzminister-gegen-allgemeine-dienstpflicht-in-der-bundeswehr-a-54d06009-83c1-44e1-97dc-22a1a9215fe5. Zugegriffen: 8. November 2024.

Lange, Dietz. 1992. *Ethik in evangelischer Perspektive*. Göttingen: Vandenhoeck & Ruprecht.

Lau, Jörg und Mark Schieritz. 2024. Dienstpflicht für alle? https://www.zeit.
de/2024/31/bundeswehr-gesellschaftsjahr-wehrpflicht-roderich-
kiesewetter-agnieszka-brugger. Zugegriffen: 9. November 2024.

Löw, Anna. 2025. Duty is calling?! Zur Debatte um Formen des freiwilligen
und verpflichtenden Wehrdienstes in Deutschland aus friedens-ethischer
Perspektive. In *Umstrittene allgemeine Dienstpflicht*, hrsg. von Alexander
Dietz und Hermann Diebel-Fischer, 179–206. Berlin: LIT Verlag.

Mau, Steffen, Thomas Lux und Linus Westheuser. 2023. *Triggerpunkte*. Berlin: Suhrkamp.

Meireis, Torsten. 2015. Ethik des Sozialen. In *Handbuch der Evangelischen
Ethik*, hrsg. von Wolfgang Huber, Torsten Meireis und Hans-Richard Reu-
ter, 265–329. München: C. H. Beck.

Pistorius, Boris. 2024. Bundestags-Rede vom 5. Juni 2025. https://www.
bundestag.de/dokumente/textarchiv/2024/kw23-de-regierungsbefragung-
1002264. Zugegriffen: 4. November 2024.

Poutvaara, Panu. 2025. Eine allgemeine Dienstpflicht aus ökonomischer Perspektive. In *Umstrittene allgemeine Dienstpflicht*, hrsg. von Alexander
Dietz und Hermann Diebel-Fischer, 65–85. Berlin: LIT.

Sauer, Frank und Theresa Caroline Winter. 2024. Streitgespräch: Wehrpflicht
oder Dienstpflicht – sollte es eine Pflichtzeit für die Gesellschaft geben?
https://goodimpact.eu/dialog/streitgespraech/wehrpflicht-dienstpflicht-
deutschlandjahr-sollte-es-eine-pflichtzeit-fur-die-gesellschaft-geben. Zugegriffen: 4. November 2024.

Weber, Ferdinand. 2025. Dienstpflichtdebatte und Recht. In *Umstrittene allgemeine Dienstpflicht*, hrsg. von Alexander Dietz und Hermann Diebel-
Fischer, 43–63. Berlin: LIT.

Wüstendörfer, Werner und Roland Becker. 2000. Das Freiwillige Soziale Jahr
und das Freiwillige Ökologische Jahr. Eine empirische Bilanz. In *Jugend
erneuert Gemeinschaft. Freiwilligendienste in Deutschland und Europa.
Eine Synopse*, hrsg. von Bernd Guggenberger, 122–136. Baden-Baden:
Nomos.

Frauen, Militär und Wehrpflicht

Ruth Seifert

1 Einleitung

Die Beschäftigung mit der Frage weiblicher Wehrpflicht verweist auf das Verhältnis von Gender und Militär generell. Die einschlägigen Debatten, die in diesem Zusammenhang zu berücksichtigen sind, können in spezifische Argumentationsstränge aufgeteilt werden, die im Folgenden kurz umrissen werden. Einigkeit besteht in allen Ansätzen darin, dass in der historischen Konstruktion des Militärs beziehungsweise in der Konstituierungsphase moderner Armeen zu Beginn der Frühen Neuzeit das fundamentale gesellschaftliche Ordnungskriterium „Geschlecht" in beispielhafter Weise mit den Machtstrukturen des Nationalstaates und der individuellen männlichen Identität gekreuzt werden (vgl. Hagemann et al. 2004; Frevert 2009). Das heißt, es ist entscheidend zu sehen, dass es beim Thema „Geschlecht und Militär" letztlich immer um die Verhandlung der gesamtgesellschaftlichen Geschlechterordnung geht. Dementsprechend attestiert die historische und sozialwissenschaftliche Forschung dem Militär erheblichen Einfluss auf gesamtgesellschaftliche Genderordnungen.

R. Seifert (✉)
Ostbayerische Technische Hochschule, Regensburg, Deutschland
E-Mail: ruth.seifert@oth-regensburg.de

© Der/die Autor(en), exklusiv lizenziert an Springer Fachmedien
Wiesbaden GmbH, ein Teil von Springer Nature 2025
I.-J. Werkner (Hrsg.), *Debatten um die Wehrpflicht*, Gerechter
Frieden, https://doi.org/10.1007/978-3-658-48599-3_4

Dennoch sind Arbeiten zu diesem Thema im deutschsprachigen Raum nach wie vor spärlich. Noch spärlicher sieht die Datenlage aus, wenn man den Blick auf die Frage von Gender und Wehrpflicht wirft. Bemerkenswert ist auch, dass die Frage von Geschlechtergleichheit in Fragen der Wehrpflicht – obwohl wir es hier mit einem hochgradig geschlechtsspezifischen Bereich zu tun haben – in internationalen Gleichheits-Indizes nicht auftaucht: weder im *Global Gender Gap Index* des *World Economic Forum* noch im *Gender Equality Index* des *European Institute for Gender Equality*, auch nicht im Gender-Index der Weltbank oder einschlägigen Statistiken von UNDP oder OECD. Das Nämliche gilt für kleinere, nationale Geschlechtergleichheits-Indizes. Selbst die skandinavischen Länder, die in den letzten Jahren eine Wehrpflicht für Frauen eingeführt haben, richten keinen Fokus auf diese Thematik.

2   Die bundesrepublikanische Debatte

Im Vergleich zu anderen westlichen Ländern kann die politische Debatte in der alten Bundesrepublik als Sonderweg bezeichnet werden (vgl. Seifert 2009). Kern der parteiübergreifenden Positionierung von Frauen war die Rede vom sogenannten „Eigenwert der Geschlechter". Dieser bezog sich im Wesentlichen auf ein sogenanntes geschlechtsspezifisches Arbeitsvermögen,[1] mit anderen Worten bezeichnete er eine natürliche Zuordnung von Männern und Frauen zu bestimmten Tätigkeitsgebieten, wobei Frauen von allen Apparaten der kollektiven Gewaltausübung fernzuhalten waren. Exemplarisch kann ein Kommentar der Bundestagsabgeordneten Elisabeth Schwarzhaupt angeführt werden, die am 6. März 1956 vor dem Plenum des Deutschen Bundestages bei der Diskussion des Wehrpflichtparagrafen ausführte:

---

[1]Zum Konzept des „geschlechtsspezifischen Arbeitsvermögen" vgl. z.B. Wetterer (2017), die eine Zusammenfassung der Debatte zu diesem Thema vorlegt hat.

„Es kam dem Rechtsausschuss darauf an, dass mit programmatischem Nachdruck im Grundgesetz ausgesprochen wird, dass unsere Auffassung von der Natur und der Bestimmung der Frau einen Dienst mit der Waffe verbieten. Das steht in keinem Widerspruch zu der Gleichberechtigung von Mann und Frau, wie wir sie in der Bundesrepublik verstehen" (zit. nach Kraake 1992, S. 54).

Eine Vertreterin der CDU, Helene Weber, argumentierte ähnlich:

„Dabei denken wir durchaus an den Eigenwert und die Würde der Frauen und denken nicht an eine schematische Gleichstellung und Gleichberechtigung, wie mir neulich entgegengehalten wurde, als man mich fragte, ob man darunter versteht, dass die Frau vielleicht Kriegsdienst leisten soll. Nein, sagte ich, den soll sie ebensowenig leisten wie wir vom Mann erwarten, was dem Eigenwert des Mannes allein entspricht" (zit. nach Kraake 1992, S. 54).

Die Gender-Diskurse in der frühen Bundesrepublik drehten sich um zwei zentrale Überzeugungen: Erstens, dass Männer und Frauen von Natur aus verschieden seien, nicht nur was ihre physische, sondern auch ihre psychische und emotionale Verfassung anbetrifft, und zweitens, dass Frauen im Wesentlichen über ihre potenzielle Mutterschaft zu definieren seien, die der Staat in besonderer Weise zu berücksichtigen und zu schützen habe. Vorstellungen von „natürlichen" Unterschieden und der „natürlichen" Bestimmung, sich in jeweils verschiedenen gesellschaftlichen Bereichen aufzuhalten, finden sich im Artikel 12, Paragraf 3 des Grundgesetzes, der besagt, dass Frauen nicht zum Waffendienst verpflichtet werden dürfen und auf keinen Fall Dienst an der Waffe ausüben sollen.

Es ging in den einschlägigen Debatten immer wieder um das sogenannte Schutzargument. Die Rede vom „Schutz der Frauen und Kinder" besagt, dass es ein kulturelles Anliegen sei, Frauen vor den Unbilden des Krieges (der in implizierter Weise als eine männliche Angelegenheit angesehen wurde) zu beschützen. Häufig wird gleichzeitig ein natürlicher, männlicher Schutzinstinkt reklamiert, also ein wahlweise biologisch oder kulturell erzeugtes, männliches Bedürfnis, Frauen zu beschützen. In der Bundesrepublik wurde anlässlich der Verabschiedung der Notstandsgesetze

im Jahre 1968 der spezifische Einbezug von Frauen im militärischen Notfall ebenfalls unter Berufung auf das Schutzargument
legitimiert. So wurde festgelegt, dass Frauen vom 18. bis zum 50.
Lebensjahr zur Sanitätsversorgung zwangsverpflichtet werden
können. Allerdings sollten sie nur „hinter den Linien" in orts-
festen Lazaretten eingesetzt werden, um Feindberührung zu vermeiden. Auf diese Weise sollte ihr maximaler Schutz gewährleistet sein. Die Frage nach dem Realitätsgehalt eines Kriegs-
bildes, das zwischen „sicherem Hinterland" und „gefährlicher
Front" unterscheidet, wurde nicht gestellt.

Mit der Aufnahme weiblicher Sanitätsoffiziere in die Bundeswehr Mitte der 1970er Jahre wurde stets betont, dass Frauen
gemäß den Intentionen des Grundgesetzes nicht in Funktionen
eingesetzt werden dürften, die eine unmittelbare Gefährdung
durch feindliche Waffeneinwirkung mit sich bringen. Zwar mel-
deten sich auch vereinzelte Stimmen aus dem Apparat selbst zu
Wort. So erklärte beispielsweise der damalige Inspekteur des
Heeres, er halte es für unzumutbar, Frauen den Soldatenstatus zu
geben, ohne sie nach innerstaatlichem Recht zur Teilnahme an
Kriegshandlungen zu ermächtigen, da das gerade bedeuten würde,
sie gegenüber Angriffen wehrlos zu machen (vgl. BMVg 1981).
Insgesamt aber behielt der Schutz-Topos seine Gültigkeit. Darüber hinaus wurde das grundgesetzlich festgelegte Waffendienst-
verbot in einem Urteil des Bundesverfassungsgerichts 1975 präzisiert. Entscheidend bei der Frage, welche Verwendungen für
Frauen zugänglich sein dürfen, war der Umstand, ob eine spezifische Tätigkeit damit verbunden sein könne, Menschen zu töten
oder dazu beizutragen. Als Anfang der 1980er Jahre über die weitere Öffnung der Bundeswehr debattiert wurde, bekräftigte das
Bundesministerium der Verteidigung ein weiteres Mal beide
Argumentationsfiguren: Erstens sollten Frauen nicht entgegen
ihrer Natur und Bestimmung aktiv an der Tötung von Menschen
mitwirken; zweitens sollten sie vor Waffeneinwirkung geschützt
werden (vgl. BMVg 1983; Seifert und Eifler 1999). Vorrang vor
dem Schutz von Frauen hatte die „moralische Frage" des weiblichen Waffendienstes: Die Notwendigkeit, Frauen aus „moralischen Gründen" von Waffen fernzuhalten, wurde schließlich so
weit ausgelegt, dass neben dem Gebrauch von Handfeuerwaffen

auch die Handhabung sogenannter weittragender Waffen und den unmittelbaren Waffeneinsatz unterstützende Vorrichtungen als Waffendienst bestimmt wurden. Eine Dienstleistung mit der Waffe liege – so die Auslegung – auch dann vor, wenn ein Befehl dazu gegeben oder weitergegeben wird. Das bedeutete, dass Frauen, auch in Vorgesetztenfunktionen, weder den Waffeneinsatz befehlen noch einen solchen Befehl weitergeben durften. Darüber hinaus kam auch ein Wachdienst für Frauen nicht infrage – symbolische Rahmungen, die offensichtlich weit über den Schutz von Frauen hinausgingen (vgl. Seifert 2003).

Noch 1996 vertrat die damalige Wehrbeauftragte Claire Marienfeld-Czesla die Ansicht, dass Frauen aus militärischen Effizienzgründen nicht in größerem Maße in die Bundeswehr integriert werden sollten, da im Einsatzfall der männliche Schutzinstinkt mit der militärischen Befehlslage in Konflikt geraten könne – oder anders ausgedrückt: Sie erwartete, dass den Männern der Schutz ihrer weiblichen Kameraden wichtiger sei als die Erfüllung des Auftrages. Aus diesem Grund verbot es sich ihrer Meinung nach, noch mehr Frauen in die Bundeswehr aufzunehmen (vgl. Pollak-Isellin 1997). Die Berufung auf angebliche israelische Erfahrungen wurde von der amerikanischen Militärsoziologin Mady W. Segal (1995) nach jahrelangen Recherchen als das, was man heute als *fake news* bezeichnen würde, entlarvt.

Ab den späten 1970er Jahren war eine gewisse Auflehnung gegen die deutsche Auffassung von Geschlechtergleichheit auf Seiten einiger männlicher Juristen und innerhalb der Bundeswehr zu beobachten. Sie wandten ein, dass der Ausschluss von Frauen aus der Bundeswehr verfassungsrechtlich bedenklich sei, da er das Recht auf freie Berufswahl wie auch das verfassungsrechtlich geschützte Recht auf Zugang zu allen öffentlichen Ämtern sowie den Gleichheitsgrundsatz generell verletze. Außerdem liefe es auf eine Entmündigung hinaus; es verletzte das Recht auf Selbstbestimmung, wolle man Frauen gegen ihren expliziten Willen beschützen (vgl. Döhring 1997). Dies allerdings fiel in keiner politischen Partei auf fruchtbaren Boden. Dem wurden Einwände entgegengehalten, das weibliche Waffenverbot sei ein *lex specialis*, das den spezifischen deutschen Geschlechtervorstellungen entspreche und somit kulturell gerechtfertigt sei.

Lange Zeit spielten Argumentationsmuster, die in jener Zeit in den USA vorrangig waren, in der Bundeswehr kaum eine Rolle, nämlich die Frage nach der physischen oder psychischen Eignung von Frauen für den Militärdienst. Diese Diskurse tauchten erstmals in den 1980er Jahren auf und auch dann in bemerkenswert zurückhaltender Weise. So ließ das Verteidigungsministerium verlauten:

> „Eine verschiedene Behandlung von Mann und Frau ist vielleicht nur dann erlaubt, wen der sich aus dem Geschlecht ergebende biologische oder funktionale Unterschied den jeweils zu ordnenden Tatbestand im Rahmen des Dienstes in den Streitkräften so entscheiden prägt, dass gemeinsame Elemente überhaupt nicht zu erkennen sind oder zumindest vollkommen zurücktreten" (BMVg 1983).

Dennoch finden in den 1980er Jahren Argumentationsmuster Eingang in den Diskurs, die der US-amerikanischen Auseinandersetzung über „Frauen im Militär" entnommen waren. Dazu gehörte insbesondere das im deutschen Kontext bislang weitgehend unbekannte Argument, Frauen würden die männliche Funktionsfähigkeit im Militär empfindlich stören. Demnach beeinträchtigen Frauen die männlich-militärische Kohäsion und die besondere emotionale Bindung zwischen männlichen Soldaten, „male bonding" genannt. Auch der deutsche Autor Elmar Dinter, ehemals Kommandeur eines Gebirgsartillerieregiments, vertrat 1986 die Ansicht, dass Frauen unter allen Umständen aus Primärgruppen der Kampftruppen fernzuhalten seien. Militärische Gewaltausübung und Kampf müsse im Interesse der männlichen Psyche und der militärischen Effizienz Männern vorbehalten bleiben (vgl. Dinter 1986).

Mit der durch den Europäischen Gerichtshof nach dem sogenannten Kreil-Urteil erzwungenen Öffnung der Bundeswehr im Jahre 2000 wurden US-amerikanische Narrative übernommen – die dort nach jahrzehntelangen politischen Debatten und wissenschaftlichen Studien bereits unter erheblichen Beschuss geraten waren – und feierten, wie Gerhard Kümmel und Ines-Jacqueline Werkner (2003, zudem Kümmel 2014) nachwiesen, auch nach dem Jahr 2000 immer wieder fröhliche Urständ in der Bundeswehr. Die endlose Geschichte von „Militär und Geschlecht" setzte sich so auch im 21. Jahrhundert fort.

3   Kurzer Abriss der akademischen Debatte

Von feministischer Seite war es zunächst der liberale Feminis-
mus, in erster Linie in den angelsächsischen Ländern, der eine
Öffnung des Militärs für Frauen forderte. Hier ging es um die
Zurückweisung aller essenzialistischer Argumente, die Frauen
und Männern bestimmte Tätigkeitsbereiche zuweisen. In den
USA begannen die klassischen, liberalen Frauenorganisationen
wie die *National Organization for Women* oder die *Women`s
Equity League* in den 1970er Jahren – also nach der Öffnung der
US-Streitkräfte für Frauen –, in legislative und exekutive Ent-
scheidungsprozesse einzugreifen. Probleme des Militarismus
oder der Friedensarbeit spielten dabei keine Rolle. Es ging vielmehr um die staatsbürgerliche Gleichstellung von Frauen und um
die Gleichbehandlung von Frauen im Militär. Das Hauptaugenmerk lag darauf, Frauen gleichen Zugang zu den Streitkräften zu
verschaffen, Gleichbehandlung einzuklagen und den staatsbürger-
lichen Status von Frauen zu konsolidieren.

Die feministische Debatte der Bundesrepublik war charakteri-
siert durch die Spannung zwischen den Gerechtigkeitsethikerinnen
und den Friedensethikerinnen (vgl. Seifert 1999). Den Gerechtigkeitsethikerinnen ging es vor allem darum, einen zentralen
Mechanismus, der Frauen in eine Position staatlicher Inferiorität
hinein konstruierte, auszuhebeln. Zielsetzung war die rechtliche
und ökonomische Gleichstellung von Frauen innerhalb eines ka-
pitalistischen Systems. Weder wurde ein systemkritischer Stand-
punkt eingenommen noch eine friedenspolitische Zielsetzung
verfolgt. Sie waren im akademischen Bereich kaum, im politischen Bereich in der Regel in der FDP zu verorten und standen
den liberalen Positionen im angelsächsischen Raum nahe.

Den Friedensethikerinnen – und sie dominierten die
akademisch-politische Debatte über geraume Zeit – ging es demgegenüber um die Nutzung von „Weiblichkeit" zu friedens-
politischen Zwecken. Letztere dominierten die feministische
Friedensforschung in Deutschland. Sie lehnten die Öffnung der
Bundeswehr für Frauen vehement ab, wobei das Argument ausschlaggebend war, die – wie auch immer zustande gekommene –
„weibliche Friedfertigkeit" sei als Friedenspotenzial zu wahren

und könne zu einer friedvolleren Gesellschaft beitragen. Die feministische Friedensforschung argumentierte ähnlich: Die Entstehung des Nationalstaates und die Aufstellung nationaler Massenarmeen sei als männliches Unternehmen zu verstehen – was die Mehrzahl von Militärhistorikern und -historikerinnen inklusive des berühmt-berüchtigten Martin van Creveld unterschreiben dürfte – und somit berge das Militär eine versteckte Agenda, nämlich die Etablierung und Aufrechterhaltung eines Machtverhältnisses zwischen den Geschlechtern. Daraus wurde geschlussfolgert, dass weibliche Soldatinnen Kollaborateurinnen bei der eigenen Kolonialisierung und rundweg abzulehnen seien. Dieser Ansatz weist erhebliche theoretische und argumentative Schwächen auf, hatte aber bis in die 2000er Jahre hinein durchaus einen erheblichen Stellenwert in der akademischen und politischen Debatte. Ein zentrales Problem dieser Argumentation besteht darin, dass in letzter Instanz kollektive Interessen – hier die Aufrechterhaltung eines Machtverhältnisses zwischen den Geschlechtern mithilfe des Militärs – auf individualpsychologische Befindlichkeiten zurückgeführt werden. Denn die Frage, *warum* das Interesse an einer Geschlechterkonstruktion, die männliche Dominanz aufrechterhält, historisch und gesellschaftlich so durchschlagend sein soll, wird unter Rekurs auf einen männlichen Sozialcharakter beantwortet, der im Rahmen männlicher Sozialisation entsteht. In der Folge wird ein psychoanalytisch theoretisierter männlicher Sozialcharakter Ausgangspunkt und analytisches Zentrum der Argumentation. Die Frage nach sozialisatorischen Entstehungsbedingungen dieser Art von Subjektivität bleibt allerdings unbeantwortet. Darüber hinaus werden einerseits Militär, Patriarchat, Nationalstaat und männliche Gewalt als dem gleichen männlichen Herrschaftsreflex entspringend gedacht. Andererseits aber wird „militärische Männlichkeit" von „ziviler Männlichkeit" abgetrennt, die, so wird impliziert, als weniger toxisch zu verstehen ist. Auch hier bleibt offen, wie und warum offensichtlich verschiedene Männlichkeiten aus der nämlichen männlichen Sozialisation heraus entstehen (vgl. Seifert 1999).

Schließlich bleibt auf den gendertheoretischen Ansatz zu verweisen, der in der akademischen Debatte in Deutschland insgesamt mit Verzögerung und erst nach einer sogenannten Rezeptionssperre Eingang fand. Bezieht man den gendertheoretischen Ansatz auf die Frage von Geschlecht und Militär, so wird hier die theoretisch-analytische Frage nach dem Zusammenhang von Militär und Geschlecht getrennt von der politisch-strategischen Frage eines wünschenswerten weiblichen Beitrages zum Weltfrieden verhandelt. Darüber hinaus geht der Analyse des Verhältnisses von Militär und Geschlecht ein klares theoretisches Verständnis der Kategorie „Geschlecht" voraus. Geschlecht wird im Wesentlichen nicht als Eigenschaft von Körpern oder Personen aufgefasst, sondern als kulturspezifische Subjektform, die in Prozessen des „doing gender", das heißt durch spezifische Konstruktionspraxen hergestellt wird. In der Folge richtet sich das Hauptaugenmerk darauf, festzustellen, an welchen Produktionsorten „Geschlecht" hergestellt wird und „welche Machtkonstellationen mit welchen Techniken geschlechtlich bestimmte Körper hervorbringen – und umgekehrt, wie die Körper als Machtwirkungen selbst in die strategische Situation hineinwirken" (Squier 1994, S. 74; vgl. auch Wetterer 1995). Judith Butler (1991, S. 53) stellte fest, dass die männliche wie auch die weibliche Position durch „prohibitive Gesetze" begründet werden, die die kulturell intelligiblen Geschlechtsidentitäten erzeugen. Und hier rückt ganz wesentlich das Militär ins Blickfeld, denn eines dieser prohibitiven Gesetze ist offensichtlich das Gewalt- beziehungsweise Waffenverbot für Frauen. Damit rückt das Militär als einer dieser „Produktionsorte" von Geschlecht ins Visier und damit sind Krieg und Frieden in hohem Maße mit der Kategorie „Geschlecht" und einschlägig konstruierten Symbolsystemen verschränkt. Krieg und Frieden sowie Männlichkeit und Weiblichkeit sind in einer binären Opposition angeordnet und beide Symbolsysteme sind in hohem Maße aufeinander bezogen. Gerade die binäre, quasi-logische Anordnung verweist weniger auf eine Natur – die so gut wie nie derartig klare Abgrenzungen aufweist – als vielmehr auf spezifische kulturelle Diskurse. Wenn aber Weiblichkeit mit Frieden verschränkt wird und Männlichkeit mit Krieg und Gewalt, dann kann aus genderanalytischer Sicht Weiblichkeit gerade nicht als Friedfertigkeit stärkende Kategorie ins Spiel gebracht werden. Im Gegenteil: Die Konstruktion der friedfertigen Weiblichkeit macht die Konstruktion der gewalttätigen Männlichkeit erst möglich. Indem Frauen das Weiblich-Friedfertige kultivieren, produzieren sie also ironischer Weise die Subjektposition männlicher Gewalttätigkeit mit. Die kulturelle Angst vor weiblicher Gewaltausübung wäre demnach also auch die Angst vor dem Verlust einer bestimmten Geschlechterordnung und der Positionierung von Männern und Frauen in dieser Ordnung.

4 Fazit

Transformationen im Militär haben komplexe Entstehungskontexte und Wirkungen und sind mit Fragen von Gleichstellung und Gendergerechtigkeit nicht erschöpft. Auf dieser Grundlage lassen sich theoretisch fundierte Spekulationen anstellen. Wenn Männlichkeit und Weiblichkeit das Produkt eines permanent sich reproduzierenden Prozesses der symbolischen Vergegenwärtigung sind, dann erscheint es geboten, in den Herstellungsprozess der Differenz einzugreifen. Das tut man, indem man geschlechtsspezifisch konnotierte Institutionen aufbricht, das Militär also bedingungslos öffnet und ein Hintergrund kollektiver Gewaltausübung – nämlich die Herstellung einer binären Geschlechterordnung – quasi entschärft wird. Daraus folgt, dass aus dieser Sicht der Dinge die Gleichstellung auf allen Gebieten – inklusive der Wehrpflicht für Frauen – zu befürworten ist.

Literatur

Bundesministerium der Verteidigung (BMVg). 1981. *Stellungnahme des Inspekteurs des Heeres zur Verwendung weiblicher Soldaten im Heer.* Bonn: BMVg.

Bundesministerium der Verteidigung (BMVg). 1983. *Gutachten zu Frauen in der Bundeswehr.* Bonn: BMVg.

Butler, Judith. 1991. *Das Unbehagen der Geschlechter.* Frankfurt a. M.: Suhrkamp.

Dinter, Elmar. 1986. *Held oder Feigling. Die körperlichen und seelischen Belastungen des Soldaten im Krieg.* Herford: Mittler.

Döhring, Karl. 1997. Verbietet das Grundgesetz den freiwilligen Waffendienst von Frauen in der Bundeswehr? Zur Auslegung des Art. 12A, Abs. 4 Satz 2 GG. *Neue Zeitschrift für Wehrrecht* 39: 45–53.

Frevert, Ute. 2009. German Conceptions of War, Masculinity, and Femininity in the Long Nineteenth Century. In *Women and Death. Vol. 2: Warlike Women in the German Literary and Cultural Imagination since 1500*, hrsg. von Sarah Colvin und Helen Watanabee-O'Kelly, 169–185. Rochester: Camden House.

Hagemann, Karen, Stefan Dudnik und John Tosh (Hrsg.). 2004. *Masculinities in Politics and War. Gendered Modern History*. Manchester: Manchester University Press.

Kraake, Swantje. 1992. *Frauen zur Bundeswehr – Analyse und Verlauf einer Diskussion*. Frankfurt a. M.: Peter Lang.

Kümmel, Gerhard. 2014. *Truppenbild mit Dame. Eine sozialwissenschaftliche Begleituntersuchung zur Integration von Frauen in die Bundeswehr*. Strausberg: Sozialwissenschaftliches Institut der Bundeswehr.

Kümmel, Gerhard und Ines-Jacqueline Werkner. 2003. *Soldat weiblich, Jahrgang 2001*. Strausberg: Sozialwissenschaftliches Institut der Bundeswehr.

Pollak-Isellin, Eugenie. 1997. *Einsatz und Ausbildung der Frauen in der Schweizer Armee*. Berlin: Schweizer Armee.

Segal, Mady W. 1995. Women's Military Role Cross-Nationally: Past, Present, Future. *Gender & Society* 9 (6): 757–775.

Seifert, Ruth. 1999. Militär und Geschlechterverhältnisse. Entwicklungslinien einer ambivalenten Debatte. In *Soziale Konstruktionen – Militär und Geschlechterverhältnis*, hrsg. von Christine Eifler und Ruth Seifert, 44–70. Münster: Westfälisches Dampfboot.

Seifert, Ruth. 2003. Diskurse und Konjunkturen im Verhältnis von Militär und Geschlecht in Deutschland und den USA. In *Gender und Militär. Internationale Erfahrungen mit Frauen und Männern in Streitkräften*, hrsg. von Ruth Seifert und Christine Eifler, 23–51. Königsstein/Taunus: Helmer Verlag.

Seifert, Ruth. 2009. Soldiers and Mothers in the German Bundeswehr: Constructions of Gender and Service under Arms. *Women and Death. Vol. 2. Warlike Women in the German Literary and Cultural Imagination Since 1500*, hrsg. von Sarah Colvin und Helen Watanabe-O'Kelly, 186–208. Rochester: Camden House.

Seifert, Ruth und Christine Eifler. 1999. Einleitung. In *Soziale Konstruktionen – Militär und Geschlechterverhältnis*, hrsg. von Christine Eifler und Ruth Seifert, 7–16. Münster: Westfälisches Dampfboot.

Squier, Irena. 1994. *Aus eins mach zehn und zwei lass gehn. Zweigeschlechtlichkeit als kulturelle Konstruktion*. Bern: eFeF-Verlag.

Wetterer, Angelika (Hrsg.). 1995. *Die soziale Konstruktion von Geschlecht in Professionalisierungsprozessen*. Frankfurt a. M.: Campus Verlag.

Wetterer, Angelika. 2017. *Arbeitsteilung und Geschlechterkonstruktion. „Gender at Work" in theoretischer und historischer Perspektive*. Köln: Herbert von Halem Verlag.

Wehrhaftigkeit im Lichte der aktuellen sicherheitspolitischen Richtlinien

Dirk Freudenberg

1 Vorbemerkung

Das Weißbuch von 2016 (BMVg 2016), die Konzeption Zivile Verteidigung von 2016 (BMI 2016), die Nationale Sicherheitsstrategie von 2023 (Auswärtiges Amt 2023), die Verteidigungspolitischen Richtlinien von 2023 (BMVg 2023) sowie die Rahmenrichtlinien Gesamtverteidigung aus dem Jahr 2024 (BMI 2024) haben längst die möglichen Bedrohungen insbesondere durch Russland und dessen sicherheitspolitischen Ambitionen wie strategischen Fähigkeiten adressiert sowie entsprechende Maßnahmen zur umfassenden Verteidigungsfähigkeit und Wehrhaftigkeit eingefordert (vgl. Mölling und Schütz 2023). Die Absage an den Krieg, Mittel der Politik zu sein, war die zentrale Verheißung der 1949 neugegründeten Bundesrepublik Deutschland. Sie schlug sich in einer demilitarisierten und friedensstaatlichen Verfassung nieder (vgl. Schwarz 2024, Rn. 3). Die in der Bundesrepublik auf weitgehende Ablehnung stoßende tradierte Vorstellung militärischer Gewalt als Instrument politischen Handelns

D. Freudenberg (✉)
Bundesakademie für Bevölkerungsschutz und Zivile Verteidigung,
Bad Neuenahr-Ahrweiler, Deutschland
E-Mail: dirk.freudenberg@bbk.bund.de

© Der/die Autor(en), exklusiv lizenziert an Springer Fachmedien
Wiesbaden GmbH, ein Teil von Springer Nature 2025
I.-J. Werkner (Hrsg.), *Debatten um die Wehrpflicht*, Gerechter
Frieden, https://doi.org/10.1007/978-3-658-48599-3_5

und das absolute Festhalten an einer demilitarisierten, pazifistischen Friedenstaatlichkeit wurden jedoch in der multipolaren Weltlage des ausgehenden 20. sowie des 21. Jahrhunderts von der Geschichte eingeholt (vgl. Schwarz 2024, Rn. 166). Auch wenn die Bundesrepublik Deutschland grundsätzlich als „ziviler Staat" (Bredow 2000, S. 14) verfasst ist, ist das friedenswissenschaftliche Konzept der zivilen Friedensmacht (vgl. Erhard 2011; Maull 2017) spätestens am 24. Februar 2022 in sich zusammengebrochen (vgl. Freudenberg 2024a, 2024b, 2024c; Tiesler und Freudenberg 2025). Die Friedensdividende ist inzwischen ausgelaufen und uns nach dem 11. September, der ebenfalls als „Zeitenwende" (Diwell 2004, S. 48) bezeichnet wurde, nun ein zweites Mal als Hypothek auf die Füße gefallen (vgl. Freudenberg 2024d). Für den Bevölkerungsschutz, als nichtjuristischer Oberbegriff für den Katastrophenschutz in der Zuständigkeit der Länder, und den Zivilschutz, im Rahmen der Zivilen Verteidigung in der gesetzmäßigen Zuständigkeit des Bundes, sind die Auswirkungen von besonderer Bedeutung.

2   Lage und Bedrohungsperzeption

Da während des Kalten Krieges davon ausgegangen werden musste, dass Deutschland Hauptkampfzone der großangelegten bewaffneten Auseinandersetzungen sein würde, muss das in heutiger Zeit, da Deutschland in erster Linie als Drehscheibe für Auf- und Durchmärsche von NATO-Verbänden, sozusagen als Zentrum der Kraftentfaltung auch unterhalb der Schwelle des Bündnis- und Verteidigungsfalls, fungiert (vgl. Auswärtiges Amt 2023, S. 23; BMI 2024, S. 6; Lorenz 2024, Rn. 3), erst recht gelten. Der Fähigkeitserhalt der Bundeswehr gewährleistet ihre Handlungsfähigkeit. Das stellt Anforderungen für den Betrieb der strategischen Drehscheibe als *Host Nation* und Transitland vor allem mit Blick auf ihre Reaktionsfähigkeit, die Führungsorganisation, die Abstimmung mit Dritten, die Unterstützung durch diese sowie die Resilienz des Gesamtsystems (vgl. Klinkenberg 2024, Rn 66). Darüber hinaus ist Deutschland als rückwärtiger Einsatzraum gefordert (vgl. BMI 2024, S. 6). Dementsprechend ist zu erwarten – und bereits stattgefundene Angriffe auf kritische Infrastrukturen sowie

Regierungsinstitutionen des Bundes bis hin zu Administrationen von Kreisen und Kommunen mit der Folge des zeitweiligen Ausfalls und der entsprechenden Handlungsunfähigkeit belegen das –, dass Deutschland selbst zum Angriffsziel im weiten Spektrum hybrider Bedrohungen wird: In diesem Zusammenhang ist mit vielfältigen Gefahren zu rechnen: von Desinformation, Propaganda, Sabotage und subversiven Operationen unterhalb der Kriegsschwelle bis hin zu Luft- und Raketenangriffen. Schließlich können auch großangelegte militärische Operationen keineswegs ausgeschlossen werden (vgl. Freudenberg 2024a, Rn. 82, 2024b, S. 25). Zum Spektrum möglicher russischer Wirkmittel gehören auch chemische, biologische und radiologische Kampfstoffe; ebenso hat die russische Führung im Zusammenhang mit ihrem völkerrechtswidrigen Krieg gegen die Ukraine wiederholt dem Westen mit dem Einsatz nuklearer Waffen gedroht (vgl. Tiesler 2024, S. 3). Bis die Lücken in der Zivilen Verteidigung überhaupt geschlossen beziehungsweise die grundsätzlichen Aufgaben auf andere Behörden der Bundeswehrverwaltung übergegangen sind, müssen viele diesbezügliche Grundlagen des Operativen Rechts und die sich daraus ergebenden Strukturen und Prozesse erst wieder bekannt gemacht werden. Zum Teil bedürfen sie auch bestimmter Anpassungen, Ergänzungen und Vervollständigungen beziehungsweise Klarstellungen oder müssen in analoger Anwendung auf heutige, neue beziehungsweise moderne Verhältnisse und lagebedingte notwendige Erfordernisse angewendet werden (vgl. Tiesler und Freudenberg 2025).

3   Verantwortung und Bedeutung von Ländern und Kommunen

Dass der Krieg dem Bund gehört (Gulotta et al. 2022, S. 11), ist eine zugespitzte Formulierung, welche die gesetzgeberische Zuständigkeit des Bundes für den Zivilschutz im Rahmen der Zivilen Verteidigung gemäß Art. 73 Abs. 1 Nr. 1 GG gegenüber der gesetzlichen Zuständigkeit der Länder für den Katastrophenschutz gemäß Art. 70 Abs. 1 GG beschreibt. Tatsächlich ist die verfassungs- und einfachgesetzliche Rechtslage des Zusammenwirkens zwischen Bund und Ländern komplexer. Für die Aufgaben der Zi-

vilen Verteidigung sind die hauptverantwortlichen Gebietskörper-
schaften, die Landkreise und kreisfreien Städte als Verwaltungs-
und Arbeitsebene von jeher im Ernstfall als Rückgrat aller
Maßnahmen (vgl. Thomsen 1973; BMI 2024, S. 58) von elemen-
tarer Bedeutung. Ungeachtet der unterschiedlichen Gesetzes-
kompetenzen für den friedensmäßigen Katastrophenschutz und
die Zivile Verteidigung obliegt ihnen die Masse der Verwaltungs-
aufgaben in diesen Bereichen(vgl. Eichstädt 1973). Unter den beschriebenen veränderten Bedingungen kommt den Kreisen und
kreisfreien Städten eine – gegebenenfalls noch gesteigerte –
Bedeutung zu. Die Bundesgesetze, die der Verteidigung dienen,
sind durch das Institut der grundgesetzlich normierten Bundes-
auftragsverwaltung gemäß Art. 85 GG – von wenigen Einzel-
regelungen abgesehen – von den Verwaltungen der Länder, Kreise
und Gemeinden auszuführen, womit die Hauptlast der Zivilen
Verteidigung auf der unteren Verwaltungsebene liegt (vgl. Schöttler 1986, S. 44). Damit sind die Kommunen in der Zivil-
Militärischen-Zusammenarbeit nicht mehr in erster Linie – wie in
den vergangenen Jahren unter den Vorzeichen vornehmlich
friedenszeitlicher Katastrophen – Leistungsempfänger, sondern
Bedarfsdecker und Leistungserbringer. Dabei spielen nicht nur
die Bundeswehr als Leistungsadressat eine Rolle, sondern insbesondere auch die alliierten (NATO-)Streitkräfte, die gegebenenfalls im Rahmen ihrer Bündnisverpflichtung bereits unterhalb
der Schwelle des Spannungs- und Verteidigungsfalles über die
Drehscheibe Deutschland ihre etwaigen Einsatzräume verlegen
und im Rahmen des *Host-Nation-Support* Versorgungs- und
Unterstützungsleistungen einfordern würden. Die Leistungsfähigkeit der Kommunen wird somit zur Conditio sine qua non für
die Unterstützung der Streitkräfte mit dem Ziel, diese bei der Herstellung und Aufrechterhaltung ihrer Verteidigungsfähigkeit und
Operationsfreiheit zu unterstützen (vgl. BMI 2024, S. 19).

4   Gesamtverteidigung

Entsprechend der Idee des Gesetzes über den Zivilschutz und die
Katastrophenhilfe des Bundes stehen die Vorhaltungen und Einrichtungen des Bundes für den Zivilschutz im Sinne eines Doppel-

nutzens auch den Ländern bei Katastrophen und Unglücksfällen zur Verfügung (vgl. Klink et al. 2009). Die Zivile Verteidigung ist Teil des Verfassungsauftrages einer wirksamen Gesamtverteidigung, denn das Bundesverfassungsgericht fordert eine wirksame beziehungsweise effektive Verteidigung der Bundesrepublik Deutschland (vgl. Poretschkin 1990, 2013). Das Grundgesetz enthält seit der Wehrverfassung von 1954/56, ergänzt durch die Notstandsverfassung von 1968 mit den Art. 12a; 17a, Abs. 2; 73, Abs. 1; 80a und 87b, Abs. 2 GG, Bestimmungen, welche klarstellen, dass die Verfassung ausdrücklich keine (unmenschlich) technokratische Verteidigung im Blick hat, sondern immer zugleich mit der militärischen Verteidigung den Schutz der Zivilbevölkerung verbindet (vgl. Poretschkin 2013, S. 516). Der Schutz der Zivilbevölkerung ist zudem eine „moralische Voraussetzung". So ist es für Soldatinnen und Soldaten im Einsatz von größter Bedeutung zu wissen, dass ihre Angehörigen nicht völlig schutzlos feindlichen Handlungen ausgesetzt sind (vgl. Erkens 2020; Hauschild 1979). Zugleich ist ein funktionsfähiger Zivilschutz im Rahmen der Zivilen Verteidigung ein wesentliches Element einer funktionalen Abschreckung und damit auch der Vorsorge: Abschreckung verlangt Glaubwürdigkeit; der Mangel an Ziviler Verteidigung bedeutet ebenso wie ein Defizit an militärischen Mitteln geradezu eine Einladung zum Angriff (vgl. Raven 1981).

5 Gebot der wehrhaften Verfassung

Die Bundesrepublik Deutschland ist als umfassend wehrhafte Demokratie konstituiert (vgl. Freudenberg 2024d, S. 157 f.). Aus Art. 1 Abs. 1 Satz 2 GG, dem jeweiligen objektiven Wertgehalt der im Konfliktfall üblicherweise in ihrem Menschenwürdegehalt gefährdenden Grundrechtstatbestand – insbesondere aus dem Lebensrecht des Art. 2 Abs. 2 Satz 1 GG und aus dem ureigenen staatlichen Schutzgewährungszweck zur Erhaltung der freiheitlich-rechtsstaatlichen Demokratie nach außen – ergibt sich unter Bezugnahme auf Art. 79 Abs. 3 GG eine unabänderbare abstrakte staatliche Schutzpflicht vor militärischen Aggressionen (vgl. Fröhler 1995, S. 120). Auch die Nationale Sicherheitsstrategie betont die verteidigungsbezogene Wehrhaftigkeit, einschließlich die

Fähigkeiten zur Zivilen Verteidigung (vgl. Auswärtiges Amt 2023, S. 13). Wehrhaftigkeit bedeutet Wehrfähigkeit. Letztere basiert auf zwei wesentlichen Faktoren: Zum einen gründet die Wehrfähigkeit auf der Befähigung der bewaffneten Macht sowie den Institutionen des Staates und der Akteure und Organisationen, deren er sich gegebenenfalls zur Erfüllung der Aufgaben der Zivilen Verteidigung bedient, dem Verfassungsauftrag zur Gesamtverteidigung nachkommen zu können – in rechtlicher, personeller, materieller und finanzieller Hinsicht. Zum anderen beruht die Wehrfähigkeit auf dem subjektiven Willen der Staatsbürgerinnen und Staatsbürger sowie ihrer Repräsentantinnen und Repräsentanten, also auf der inneren Bereitschaft, notfalls – auch persönlich – dem nachzukommen, was das Gesetz der Soldatin und dem Soldaten als Staatsbürgerin und Staatsbürger in Uniform pflichtenmäßig gemäß § 7 SG aufgibt, nämlich „der Bundesrepublik Deutschland treu zu dienen und das Recht und die Freiheit des Deutschen Volkes tapfer zu verteidigen." Auch hier gilt demzufolge das Böckenförde-Diktum, dass der Staat von Voraussetzungen lebt, die er selbst nicht garantieren kann (vgl. Böckenförde 2016, S. 112). Insofern braucht Freiheit Autorität, nämlich die Autorität all derjenigen Einrichtungen und Kräfte, welche Freiheit gewährleisten (vgl. Sternberger 1967, S. 92). Die Wehrhaftigkeit erschöpft sich somit nicht darin, dass sie in Gesetzestexten niedergelegt ist. Sie muss getragen werden von der Bereitschaft des Volkes, dafür einzustehen, und von der Bereitschaft von Exekutive und Legislative, durch eine entsprechende Ausgestaltung und haushaltmäßige Unterfütterung das sicherheitspolitisch Notwendige auf die Zukunft gerichtet antizipatorisch zu veranlassen und dieses nicht lediglich der Kassenlage zu überlassen (vgl. Freudenberg 2024a, Rn. 52).

6 Allgemeine Dienstpflicht und Wehrpflicht

Eine allgemeine Dienstpflicht, die nicht auf herkömmliche Dienste beschränkt ist, also auf öffentliche Dienstleistungen, die bereits geraume Zeit bestanden haben und mit denen das Rechtsbewusstsein verbunden ist, dass sie traditioneller Bestandteil der

Pflichtenordnung sind (vgl. Scholz 2024, Rn. 496), ist verfassungsmäßig bedenklich (vgl. Wissenschaftliche Dienste des Deutschen Bundestages 2023, S. 5), wenn nicht gar verfassungswidrig (vgl. Freudenberg 2022a, 2023b, 2024c, S. 20), sodass unter den gegebenen sicherheitspolitischen Bedingungen, die Aufhebung der Aussetzung der Wehrpflicht geboten sein könnte (vgl. Freudenberg 2024c). Ungeachtet dessen fußt das gesamte Zivil- und Katastrophenschutzsystem der Bundesrepublik Deutschland in hohem Maße auf ehrenamtlichem Engagement und hängt funktional davon ab, dass Bürgerinnen und Bürger auch in Zukunft motiviert sind, sich für die Gesellschaft zu engagieren – nicht nur in Friedenszeiten (vgl. Tiesler 2024, S. 4). Mithin steht und fällt der Bevölkerungsschutz mit den freiwilligen Helferinnen und Helfern, die in den Freiwilligen Feuerwehren (1,1 Mio.), dem Technischen Hilfswerk (80.000) sowie den anderen Hilfsorganisationen (520.000) organisiert sind (vgl. Erkens 2024, Rn. 55).

7   Funktionalitätsgebot als Maßstab für die Wehrform

Der Begriff der Verteidigung, der gemäß Art. 87a Abs. 1 Satz 1, Abs. 2 GG als Abwehr eines Angriffs gefasst wird, verdeutlicht somit eine grundlegende Struktur und beinhaltet eine Einsatzbefugnis, welche den Streitkräften die Erlaubnis gibt, Verteidigungshandlungen vorzunehmen (vgl. Orthmann 2023, S. 108 f.; Kirchhof 2006, Rn. 10). Das Bundesverfassungsgericht hat längst schon in seiner Rechtsprechung hervorgehoben, dass sich – ungeachtet des Primats der Politik – die Ausgestaltung der Aufstellung der Streitkräfte zur Verteidigung (vgl. Raap 2024) an deren Funktionstüchtigkeit in Bezug auf ihren Verfassungsauftrag zu orientieren hat (vgl. Guckelberger 2021, Rn. 9; BVerfGE 69, 1 (58); BVerfGE 48, 127 (159)). Die Institution und Funktionstüchtigkeit der Streitkräfte werden aufgrund der Art. 65a, 73 Abs. 1 Nr. 1, 87a und 115b GG von der Verfassung vorausgesetzt und verbindlich vorgeschrieben (vgl. Gornig 2018, Rn. 7). Art. 87a Abs. 1 Satz 1 GG formuliert einen Kampfauftrag an die Bundeswehr, wobei Verteidigung ihre primäre und exklusive Auf-

gabe ist (vgl. Erkens 2021, S. 53). Gemäß Art. 87a Abs. 2 GG bedarf es zu einer solchen Ausnahme von der Regel einer ausdrück-
lichen Ermächtigung durch die Verfassung selbst, womit Art. 87a
Abs. 2 GG demgemäß einen Numerus clausus verteidigungs-
fremder Einsatzmöglichkeiten der Streitkräfte aufstellt (vgl. Erkens 2021, S. 53). Einrichtung und Funktionsfähigkeit der
Bundeswehr haben demnach Verfassungsrang (vgl. Gornig 2018,
Rn. 4; BVerfGE 69, 1 (21)). Das heißt, die Bundeswehr muss in
jeder Hinsicht so ausgestaltet und ausgestattet sein, dass sie unter
den jeweiligen objektiven tatsächlichen sicherheitspolitischen
Bedingungen und gegebenenfalls antizipierten zukünftigen Entwicklungen ihrem Auftrag jederzeit nachkommen kann. Eine den
Bestand oder die Sicherheit bedrohende Politik eines Verzichts
auf Verteidigung oder der schlichten Wehrlosigkeit ist demzufolge verwehrt (vgl. Gornig 2018, Rn. 4). Das Bundesverfassungsgericht hat Art 12a Abs. 1 GG – neben Art. 73 Nr. 1 und Art.
87a Abs. 1 S. 1 GG – herangezogen, um den verfassungsrechtlichen Rang von Einrichtung und Funktionsfähigkeit der Bundeswehr zu begründen, indem diese Vorschriften „die Wehrpflicht zu
einer verfassungsrechtlichen Pflicht gemacht und eine verfassungsrechtliche Grundentscheidung für die militärische Verteidigung getroffen haben" (BVerfGE 28, 243 (261); BVerGE 69, 1
(21); Becker 2022, Rn. 66; Gornig 2018, Rn. 3; Fuchs 1981,
S. 46). Die Wehrpflicht sichert konjunkturunabhängig den
Personalumfang der Streitkräfte im Frieden, gewährleistet die
Mobilmachungsfähigkeit, schafft eine solide Rekrutierungsbasis
für die Nachwuchsgewinnung und stärkt somit die Professionalität, weil die Armee sich auf ein breites Spektrum von zivilen
Fähigkeiten, Fertigkeiten und beruflichen Qualifikationen abstüt-
zen kann (vgl. Beck 1995, S. 197). In diesem Sinne baut die
Leistungsfähigkeit der Truppe auf dem Zivilpotenzial der Wehrpflichtigen auf.[1] Demzufolge ist die Wehrpflicht grundsätzlich
besser als jede andere Wehrform geeignet, den erforderlichen
qualitativen und quantitativen Personalumfang der Streitkräfte zu
generieren (vgl. Freudenberg 2024c, S. 19).

---

[1] Manfred Eisele, Generalmajor a.D., zuletzt beigeordneter Generalsekretär
für friedenserhaltende Maßnahmen der Vereinten Nationen, im Gespräch mit
d. Verf. am 11. Mai 1999 in Veitshöchheim.

8   Primat der Politik versus Primat des Rechts

In der Bundesrepublik Deutschland, im freiheitlichen demokratischen Rechtsstaat, gilt grundsätzlich unbestritten der Primat der Politik – auch bei der Ausgestaltung des Verfassungsauftrages der (Gesamt-)Verteidigung. Nach der gewaltenteilenden Verfassungsordnung des Grundgesetzes ist es allein die Sache des Gesetzgebers und der für das Verteidigungswesen zuständigen Organe des Bundes, diejenigen Maßnahmen zu beschließen, die politisch für erforderlich gehalten werden (vgl. Fuchs 1981, S. 46 f.). Allerdings darf nicht vergessen werden, dass es im Spannungsverhältnis von Recht und Politik für das moderne Rechtsdenken wohl selbstverständlich ist, dass Recht und Politik in Wechselwirkung zueinander stehen und voneinander abhängig sind (vgl. Badura 1995, S. 511), letztendlich allerdings der Primat der Politik dem Primat des Rechts unterliegt. Das gesetzgeberische Parlament findet daher in der Verfassung nicht nur eine Schranke seines politischen Willens, sondern auch Auftrag und Richtlinie (vgl. Badura 1974, S. 2). Demzufolge ist die Verfassung als Rechtsgesetz durch ihre einzelnen Bestimmungen und mit genau zu differenzierenden Rechtsfolgen Auftrag, Richtlinie und Grenze für die gesetzgeberische, das heißt politische Gestaltungsfreiheit (vgl. Badura 1974, S. 1 f.). Dementsprechend ist auch die Politik an den Vorrang der Verfassung und den Vorgaben des Bundesverfassungsgerichtes zur Funktionsfähigkeit und Einsatzbereitschaft der Streitkräfte und damit auch der strukturellen Ausrichtung der Wehrform gebunden. Auch hier schlägt der Primat des Rechts den Primat der Politik (vgl. Freudenberg 2024c, S. 19).

9   Rolle des Einzelnen und Selbstschutz

Aufgrund der (anfänglichen) Unübersichtlichkeit von Krisenlagen in Kriegen und Katastrophen können Rettungskräfte nicht gleichzeitig überall helfen, sodass die Selbstschutzfähigkeit gefordert ist, um Selbst- und Fremdhilfe leisten zu können (vgl. Funk 2024, S. 4). Selbstschutz als Unterbegriff des Zivilschutzes und der Vorsorge bezeichnet alle Maßnahmen der Bevölkerung im Rahmen des Zivilschutzes sowie alle Maßnahmen individueller oder gemeinschaftlicher Art zur Abwendung oder Reduzierung von Schäden. Der Unterbegriff bezieht sich somit auf das persönliche Verhalten in von außen kommenden Notsituation, die Selbsthilfefähigkeit der und des Einzelnen, sich auf Krisen, Katastrophen, Unglücksfälle oder den Verteidigungsfall vorzubereiten und ist Teil der gesamtstaatlichen Resilienz, also der Fähigkeit, im Allgemeinen alle Krisen und Katastrophen zu meistern (vgl. Voßschmidt 2024, Rn. 1). Dazu bedarf es allerdings der Weiterentwicklung der strategischen Kultur in Deutschland und eines in der Breite der Gesellschaft verankerten Verständnisses von integrierter Sicherheit (vgl. BMI 2024, S. 5) sowie einer entsprechenden Einstellung und Haltung der und des Einzelnen und der Gesamtgesellschaft im Sinne eines „Mindset Zivile Verteidigung" im Rahmen eines „Mindsets Gesamtverteidigung" (vgl. Freudenberg 2022b; Tiesler und Freudenberg 2025).

10   Kompetenzerwerb der Entscheidungsträgerinnen und -träger

Zur nichtpolizeilichen Gefahrenabwehr im Katastrophenfall bis hin zum Krieg müssen alle Einrichtungen der nichtpolizeilichen Gefahrenabwehr, also der Brandschutz (vgl. Miller 2024), die Technische Hilfe (vgl. Becker 2024), der Rettungsdienst und die speziellen Einheiten des Katastrophenschutzes, zusammenwirken (vgl. Geier 2016, S. 97). Dementsprechend tragen die Kräfte, Mittel und Strukturen, welche die Gemeinden, Kreise und Länder etabliert haben, in gleicher Weise auch im Verteidigungsfall zum Schutz der Bevölkerung bei (vgl. Franke 2021, S. 58). Die Notwendigkeit des ressort-, ebenen- und institutionenübergreifenden Zusammenwirkens in der Gesamtverteidigung, insbesondere in der Zivilen Verteidigung, verlangt nicht nur für die Führungs- und Einsatzkräfte auf der operativ-taktischen Ebene eine solide fachliche Ausbildung, sondern ebenfalls für alle administrativen Entscheidungsträgerinnen und -träger und Führungskräfte sämtlicher mit Aufgaben der Zivilen Verteidigung und des Zivilschutzes befassten Akteure als Conditio sine qua non für eine erfolgreiche Einsatzdurchführung (vgl. Freudenberg 2021a, 2021b, 2023b, 2023c, 2024e). Durch die oben beschriebene entscheidende Rolle der Landkreise und Kommunen kommt den kommunalen Spitzenbeamtinnen und -beamten als Hauptverwaltungsbeamtinnen und -beamten eine zentrale Rolle zu (vgl. Freudenberg 2025a, 2025b; Freudenberg und Norf 2024, S. 321).

11 Schlussfolgerungen

Landes- und Bündnisverteidigung funktioniert nur, wenn die Zivile Verteidigung als zweite Säule neben der militärischen Verteidigung in Ordnung ist. Demzufolge kann nur eine vollumfänglich einsatzbereite Zivile Verteidigung der Zeitenwende gerecht werden. Es bedarf einer gesamtgesellschaftlichen Einstellung und Haltung, die sich den Herausforderungen stellt und diese aktiv annimmt (vgl. Freudenberg, 2022b, 2023e). Es ist insbesondere der Auftrag der Politik, um Überzeugungen zu kämpfen und dafür bei der Wählerin und dem Wähler, dem Souverän, zu werben. Das bedeutet für die politischen und administrativen Entscheidungsträgerinnen und -träger, ihre eigene Führungsverantwortung aktiv wahrzunehmen und zu gestalten (vgl. Freudenberg 2021a, 2021b, 2023b). Die Feststellung des Verteidigungsministers Boris Pistorius, dass die Aufhebung der Aussetzung der Wehrpflicht „uns in den nächsten zwei, drei Jahren nicht weiterhelfen [würde]" (zit. nach Der Spiegel 2023), ist ein Zirkelschluss. Denn gerade vor dem Hintergrund der vorstehenden sicherheitspolitischen Aussagen, die darauf verweisen, dass die Wiederherstellung von Strukturen und Kräften Jahre in Anspruch nehmen werde, erfordert es langfristige sicherheitspolitische Entscheidungen (vgl. Richter 2023, S. 138; Freudenberg 2024c, S. 20). Das Argument, dass in der derzeitigen Situation die Leistungsfähigkeit der Bundeswehr nicht gegeben sei, eine Wehrpflichtorganisation aufzubauen, kann hier nicht ziehen. Gemäß §§ 2f. WPflG ist die Aussetzung der allgemeinen Wehrpflicht im Krisen- und Spannungsfall automatisch aufgehoben. Denn erst in einer solchen Lage eine Wehrersatzorganisation aufzubauen, würde die Streitkräfte erst recht über-

fordern, sofern dieser nicht sowieso zu spät käme (vgl. Freudenberg 2023b, S. 101). Somit wäre mit Blick auf die geostrategische
Lage und die sicherheitspolitische Situation die Aufhebung der
Aussetzung der Wehrpflicht zwingend geboten, um dem Primat
des Rechts nachzukommen und den Verfassungsauftrag einer
funktionsfähigen und wirksamen Verteidigung erfüllen zu können
(vgl. Freudenberg 2022a, S. 155, 2024c, S. 20).

Literatur

Auswärtiges Amt. 2023. *Nationale Sicherheitsstrategie*. Berlin: Auswärtiges
  Amt.
Badura, Peter. 1974. Die Verfassung als Auftrag, Richtlinie und Grenze der
  wirtschafts- und arbeitspolitischen Gesetzgebung, *Wirtschaftsrecht* (4):
  1–28.
Badura, Peter. 1995. Recht und Politik. In *Lexikon der Politik, Bd. 1*, hrsg.
  von Dieter Nohlen, 511–514 München: C. H. Beck.
Beck, Hans-Christian. 1995. Innere Führung 2000 – Eine erfolgreiche Kon-
  zeption vor neuen Herausforderungen. In *Der Soldat in einer Welt im
  Wandel. Ein Handbuch für Theorie und Praxis*, hrsg. von Uwe Hartmann
  und Christian Walther, 193–203. München: Olzog.
Becker, Florian. 2022. Wirtschaftsverfassung, Infrastrukturverantwortung. In
  Das Staatsrecht für die Bundesrepublik Deutschland Bd. III, hrsg. von
  Klaus Stern, Helge Sodan und Markus Möstl, Markus, 1037–1080. Mün-
  chen: C. H. Beck.
Becker, Uwe. 2024. § 24 Technisches Hilfswerk (THW). In *Handbuch Be-
  völkerungsschutz*, hrsg. von Dirk Freudenberg und Kai von Lewinski,
  433–437. München: C. H. Beck.
Böckenförde, Ernst-Wolfgang. 2016. Die Entstehung des Staates als Vorgang
  der Säkularisation. In *Recht, Staat, Freiheit*, 92–114. Berlin: Suhrkamp.
Bredow, Wilfried von. 2000. *Demokratie und Streitkräfte*. Wiesbaden: Sprin-
  ger VS.
Bundesministerium des Innern (BMI). 2016. *Konzeption Zivile Verteidigung
  (KZV)*, Berlin: BMI.
Bundesministerium des Innern und für Heimat (BMI). 2024. *Rahmenricht-
  linien Gesamtverteidigung (RRGV)*. Berlin: BMI.
Bundesministerium der Verteidigung (BMVg). 2016. *Weißbuch zur Sicher-
  heitspolitik und zur Zukunft der Bundeswehr*. Bonn: BMVg.
Bundesministerium der Verteidigung (BMVg). 2023. *Verteidigungspolitische
  Richtlinien 2023*. Bonn: BMVg.
Der Spiegel. 2023. Pistorius in Augustdorf „Eine Wehrpflicht würde uns in
  den nächsten zwei, drei Jahren nicht helfen". https://www.spiegel.de/poli-

tik/deutschland/boris-pistorius-eine-wehrpflicht-wuerde-uns-in-den-naechsten-zwei-drei-jahren-ueberhaupt-nicht-helfen-a-fce6b60a-a03e-45b2-8291-e5dbad2416d6. Zugegriffen: 30. November 2024.

Diwell, Lutz. 2004. Gesamtstaatliche Sicherheitsvorsorge. In *Sicherheitspolitik in neuen Dimensionen, Ergänzungsband 1*, hrsg. von der Bundesakademie für Sicherheitspolitik, 47–74. Hamburg: Mittler.

Eichstädt, Ulrich. 1973. Die Funktionen der Kreise in Krisenzeiten. *der landkreis* (August/September): 276–278.

Erhard, Hans-Georg. 2011. Friedensmacht. In *Handbuch Frieden*, hrsg. von Hans-Joachim Gießmann und Bernhard Rinke, 219–224. Wiesbaden: VS Verlag für Sozialwissenschaften.

Erkens, Harald. 2020. Rüstzeug für die Gesamtverteidigung: Die Sicherstellungsgesetze, Teil 1: Grundzüge des deutschen Notstandsrechts. *Bundeswehrverwaltung* 64 (7): 147–154.

Erkens, Harald. 2021. Einsatz im Innern. In *Wehrrecht*, hrsg. von Christian Raap, 52–67 Stuttgart: Kohlhammer.

Erkens, Harald. 2024. § 27 Zivilgesellschaft (Ehrenamt, Spontanhelfer). In *Handbuch Bevölkerungsschutz*, hrsg. von Dirk Freudenberg und Kai von Lewinski, 481–509. München: C. H. Beck.

Franke, Dieter. 2021. Die Bedeutung der Konzeption Zivile Verteidigung für die Zivile Seite. In *Krisenmanagement, Notfallplanung, Zivilschutz*, hrsg. von Dirk Freudenberg und Marcel Kuhlmey, 55–66. Berlin: Berliner Wissenschafts-Verlag.

Freudenberg, Dirk. 2021a. Das Wesen der Entscheidung und die Pflicht zum Kompetenzerwerb im Bevölkerungsschutz. *Notfallvorsorge* (4): 20–28.

Freudenberg, Dirk. 2021b. Entscheidungsfindung und die Pflicht zum Führen in der Zivilen Verteidigung und im staatlichen Krisenmanagement. Bundeswehrverwaltung 65 (11): 241–246.

Freudenberg, Dirk. 2022a. Verfassungsmäßigkeit einer allgemeinen Dienstpflicht. *Zeitschrift für Rechtspolitik* 55 (5): 152–155

Freudenberg, Dirk. 2022b. Gesamtverteidigung und deren Bedeutung für das Mindset LV/BV. In *Jahrbuch Innere Führung 2021/22. Ein neues Mindset Landes- und Bündnisverteidigung?*, hrsg. von Uwe Hartmann, Reinhold Janke und Claus von Rosen, 197–202. Berlin: Miles.

Freudenberg, Dirk. 2023b. Zu Fragen einer Dienstpflicht des Bürgers sowie die Pflicht zum Kompetenzerwerb von Entscheidern im staatlichen Krisenmanagement. In *Jahrbuch Öffentliche Sicherheit 2022/2023*, hrsg. von Martin H. W. Möllers und Robert van Ooyen, 401–414. Baden-Baden: Nomos und Frankfurt a. M.: Verlag für Polizeiwissenschaft.

Freudenberg, Dirk. 2023c. Zukünftige Krisensituationen aus der Sicht des Bevölkerungsschutzes. In *Krisenbewältigung und Katastrophenvorsorge*, hrsg. von Keren-Miriam Adam und Gerd Kropf, 77–99. Baden-Baden: Nomos.

Freudenberg, Dirk. 2023e. Die Frage der Verfassungsmäßigkeit einer allgemeinen Dienstpflicht aus rechts- und politikwissenschaftlicher Sicht.
Notfallvorsorge (2): 8–14.

Freudenberg, Dirk. 2024a. § 6 Sicherheitspolitische Perspektive. In *Handbuch Bevölkerungsschutz*, hrsg. von Dirk Freudenberg und Kai von Lewinski, 75–99. München: C. H. Beck.

Freudenberg, Dirk. 2024b. Gesamtverteidigung – Eine staats- und rechtswissenschaftliche Sicht. *Bundeswehrverwaltung* 68 (2): 25–31.

Freudenberg, Dirk. 2024c. Die Wehrpflicht als verfassungsrechtliches Gebot.
Zeitschrift für Rechtspolitik 57 (1): 17–20.

Freudenberg, Dirk. 2024d. Staats- und rechtswissenschaftliche Betrachtungen
zur Gesamtverteidigung. In *Jahrbuch Innere Führung 2023/24. Der Krieg
in der Ukraine: Folgerungen für die Sicherheits- und Militärpolitik
Deutschlands sowie für die Bundeswehr*, hrsg. von Uwe Hartmann, Reinhold Janke und Claus von Rosen, 147–171. Berlin: Miles.

Freudenberg, Dirk. 2024e. § 34 Krisenmanagement und Führung. In *Handbuch Bevölkerungsschutz*, hrsg. von Dirk Freudenberg und Kai von Lewinski, 583–606. München: C. H. Beck.

Freudenberg, Dirk. 2025a. Zur Rolle und Funktion des Hauptverwaltungs-
beamten im operativen Recht des Bevölkerungsschutzes, Teil 1: Rollen
und Verantwortlichkeiten im Bevölkerungsschutz. *Bundeswehrverwaltung* (i. E.).

Freudenberg, Dirk. 2025b. Zur Rolle und Funktion des Hauptverwaltungs-
beamten im operativen Recht des Bevölkerungsschutzes, Teil 2: Mitwirkung des HVB in der Zivilen Verteidigung. *Bundeswehrverwaltung* (i. E.).

Freudenberg, Dirk und Celia Norf. 2024. Die Unterstützungspflicht für die
Streitkräfte und die Rolle des HVB – Ein Fall aus dem operativen Recht
der Zivilen Verteidigung. *Unterrichtsblätter für die Bundeswehrverwaltung* 68: 321–331.

Fröhler, Oliver. 1995. *Grenzen legislativer Gestaltungsfreiheit in zentralen
Fragen des Wehrverwaltungsrechts*. Berlin: Duncker & Humblot.

Fuchs, Rainer. 1981. *Die Entscheidung über Krieg und Frieden, Friedensord-
nung und Kriegsrecht nach dem Bonner Grundgesetz*. Dissertation an der
Universität Bonn.

Funk, René. 2024. *Perspektive des Zivilschutzes in der Gesamtverteidigung*.
Vortrag des Vizepräsidenten des BBK bei der CP-Konferenz am 22. März
2024 (unveröffentlichtes Manuskript).

Geier, Wolfram. 2016. Strukturen, Aufgaben, Zuständigkeiten und Akteure.
In *Bevölkerungsschutz*, hrsg. von Harald Karutz, Wolfram Geier und Thomas Mitschke, 93–128. Wiesbaden: Springer VS.

Gornig, Gilbert. 2018. Art. 12a. In *Grundgesetz*, hrsg. von Hermann Mangoldt, Friedrich Klein und Christian Starck, 170–181. 7. Aufl. München:
C. H. Beck.

Guckelberger, Annette. 2021. Art. 12a. In *Grundgesetz-Kommentar*, hrsg. von
Bruno Schmidt-Bleibtreu, Hans Hofmann und Hans-Günter Hennecke,
608–624. Köln: Carl-Heymanns.

Gullotta, Giulio, Daniel Mandel, Stefan Wilbert, Dominik Lorenz, Benedikt Walkenbach und Martin Kremer. 2022. Wo bleibt die Zeitenwende für den Zivilschutz? *Bevölkerungsschutz* (2): 11–15.

Hauschild, Reinhard. 1979. Vorwort. In *Zivilschutz, Bd. 13, hrsg.* vom Bundesamt für den Zivilschutz, 7–9. Bonn-Bad Godesberg: Bundesamt für den Zivilschutz.

Kirchhof, Ferdinand. 2006. § 84 Verteidigung und Bundeswehr. In *Handbuch des Staatsrechts Bd. IV*, hrsg. von Josef Isensee und Paul Kirchhof, 633–670. Heidelberg: C. F. Müller.

Klink, Manfred, Wolfgang Grambs und Dirk Freudenberg, Dirk. 2009. Nationales Krisenmanagement im Bevölkerungsschutz. In *Sicherheitspolitik in neuen Dimensionen. Ergänzungsband 2*, hrsg. von Bundesakademie für Sicherheitspolitik, 565–585. Hamburg: Mittler.

Klinkenberg, Michael. 2024. § 14 Untergesetzliche Normen. In *Handbuch Bevölkerungsschutz*, hrsg. von Dirk Freudenberg und Kai von Lewinski, 293–309. München: C. H. Beck.

Lorenz, Marc-Antor. 2024. § 50 Verkehr. In *Handbuch Bevölkerungsschutz*, hrsg. von Dirk Freudenberg und Kai von Lewinski, 891–919. München: C. H. Beck.

Maull, Hans W. 2017. Deutschland als Zivilmacht. In *Handbuch zur deutschen Außenpolitik*, hrsg. von Siegmar Schmidt, Gunther Hellmann und Reinhard Wolf, 73–84. Wiesbaden: Springer VS.

Miller, Christian. 2024. § 25 Feuerwehr. In *Handbuch Bevölkerungsschutz*, hrsg. von Dirk Freudenberg und Kai von Lewinski, 439–460. München: C. H. Beck.

Mölling, Christian und Torben Schütz. 2023. *Den nächsten Krieg verhindern*, Berlin: DGAP.

Orthmann, Maximilian. 2023. *Landesverteidigung*. Berlin: Duncker & Humblot.

Poretschkin, Alexander. 1990. *Zivilverteidigung als Verfassungsauftrag*. Dissertation an der Universität München.

Poretschkin, Alexander. 2013. Bevölkerungsschutz als Verfassungsauftrag. In *Krisenmanagement – Notfallplanung – Bevölkerungsschutz*, hrsg. von Christoph Unger, Thomas Mitschke und Dirk Freudenberg, 513–517. Berlin: Duncker & Humboldt.

Raap, Christian. 2024. § 30 Streitkräfte. In *Handbuch Bevölkerungsschutz*, hrsg. von Dirk Freudenberg und Kai von Lewinski, 545. München: C. H. Beck.

Raven, Wolfram von. 1981. Löcher im Schirm der Sicherheit – Bemerkungen zum Zivilschutz. In *Heere International. Militärpolitik. Strategie. Technologie. Bd. 1: Wehrgeschichte*, hrsg. von Hans-Adolf Jacobsen und Heinz-Georg Lemm, 74–84. Berlin: Verlag Mittler & Sohn.

Richter, Christian. 2023. Wehrpflicht oder Dienstpflicht. *Bundeswehrverwaltung* 67 (6): 136–138.

Scholz, Rupert. 2024. Art.12. In *Grundgesetz-Kommentar*, hrsg. von Günter Dürig, Roman Herzog und Rupert Scholz. München: C. H. Beck.

Schöttler, Horst. 1986. *Zivil-Militärische Zusammenarbeit. Ein Handbuch für Kommandeure und Hauptverwaltungsbeamte.* Regensburg: Walhalla und Praetoria.

Schwarz, Kyrill-Alexander. 2024. § 23: Äußere Sicherheit und militärische Verteidigung. In *Staatsrecht der Bundesrepublik Deutschland I*, hrsg. von Klaus Stern, Helge Sodan und Markus Möstl, 980–1011. München: C. H. Beck.

Sternberger, Dolf. 1967. *„Ich wünschte ein Bürger zu sein".* Berlin: Suhrkamp.

Thomsen, Hans Arnold. 1973. Zivile Verteidigung und Zivilschutz als Aufgabe von Bund und Ländern. *der landkreis* (August/September): 271–274.

Tiesler, Ralph. 2024. *Bereit für den Krieg? Der zivile Beitrag zur Gesamtverteidigung.* Vortrag des Präsidenten des BBK bei der CP-Konferenz am 21. März 2024 (unveröffentlichtes Manuskript).

Tiesler, Ralph und Dirk Freudenberg. 2025. Zeitenwende und Zivile Verteidigung. In *Die Zeitenwende – sicherheitspolitischer Kulturwandel in der Bundesrepublik Deutschland? Implikationen einer ‚Normalisierung' auf Gesellschaft und Bundeswehr*, hrsg. von Michael Bartscher, Stefan Hansen und Michael Rohschürmann. Baden-Baden: Nomos (i. E.).

Voßschmidt, Stefan. 2024. § 31 Selbstschutz. In *Handbuch Bevölkerungsschutz*, hrsg. von Dirk Freudenberg und Kai von Lewinski, 547–559. München: C. H. Beck.

Wissenschaftliche Dienste des Deutschen Bundestages. 2023. *Allgemeine Dienstpflicht. Aktualisierung der Dokumentation WD 3–3000–043/22.* Berlin: Deutscher Bundestag.

Schweden, die Wehrpflicht und die Totalverteidigung

Jonas Hård af Segerstad

1 Einleitung

In den letzten Jahren habe ich in Deutschland ein zunehmendes Interesse für die in 2018 wieder aktivierte Wehrpflicht in Schweden erkannt; und als Verteidigungsattaché in Berlin folge ich natürlich mit großem Interesse die deutsche Debatte darüber, wie die von Boris Pistorius angemahnte Kriegstüchtigkeit der Bundeswehr zu erreichen ist. Zwischen der deutschen und der schwedischen Verteidigungspolitik gibt es viele Parallelitäten, die fast gleichzeitige Aussetzung der Wehrpflicht ist nur ein Beispiel. Schweden hat jedoch seine Wehrpflicht wieder aktiviert. Warum? Wie funktioniert das „schwedische Modell" und welche Ähnlichkeiten und Unterschiede zur vorigen bundesdeutschen Wehrpflicht gibt es?

2 Der Hintergrund der schwedischen Wehrpflicht 1902–2018

Ein kurzer Blick in die Geschichte ist immer gut, und er ist auch für die aktuellen politischen Fragen wichtig. Schweden führte in Jahr 1902 die Wehrpflicht ein. Das alte System, wo Dörfer und

J. Hård af Segerstad (✉)
Schwedische Botschaft Berlin, Berlin, Deutschland
E-Mail: jonas.hard.af.segerstad@gov.se

© Der/die Autor(en), exklusiv lizenziert an Springer Fachmedien Wiesbaden GmbH, ein Teil von Springer Nature 2025
I.-J. Werkner (Hrsg.), *Debatten um die Wehrpflicht*, Gerechter Frieden, https://doi.org/10.1007/978-3-658-48599-3_6

Gemeinden für die Hundertschaften und Pferde verantwortlich waren, war mit der Urbanisierung und der zunehmenden Technisierung der Kriegsführung überaltert. Die Einführung der Wehrpflicht lief fast parallel zur Demokratisierung der Gesellschaft und wurde zum Teil als Argument für das allgemeine Stimmrecht verwendet – „Ein Mann, ein Gewehr, eine Stimme!" lautete ein Schlagwort damals. Dies ist auch ein Grund, warum die schwedische Wehrpflicht – anders als in Deutschland – eher von den linken Parteien hochgeschätzt ist.

Die Wehrpflicht ist dann über Jahrzehnte als das Rückgrat der schwedischen Verteidigung gesehen worden. Während des Kalten Krieges wurden fast die ganzen Jahrgänge einberufen. Fast 50.000 junge Männer pro Jahr wurden für die Grundausbildung rekrutiert, um die Verteidigungsfallstärke von 800.000 Soldaten (25 % der männlichen Bevölkerung) aufrechtzuhalten. Die Anzahl der Berufssoldaten war mit 17.000 Offizieren und Unteroffizieren also nur ein geringer Teil der Armee.

Mit dem Ende des Kalten Krieges drehte sich jedoch die Politik in Schweden – genau wie in Deutschland. Die Landesverteidigung wurde durch Auslandseinsätze ersetzt und für diese konnten und können wehrpflichtige Soldaten nicht genutzt werden. Das Gesetz ist in diesem Punkt eindeutig. 2009 wurde die Wehrpflicht deaktiviert. Das heißt, das Gesetz blieb passiv bestehen, gleichzeitig wurde es geschlechtsneutral gemacht. Bei einer Reaktivierung würde die Wehrpflicht sowohl Frauen als auch Männer umfassen. Davor war der Wehrdienst für Frauen freiwillig. Schweden wechselte in eine Berufsarmee mit ausschließlich angestellten Soldatinnen und Soldaten, die in Auslandseinsätzen befohlen werden konnten. Dies bedeutete auch ein geringer Bedarf. Die Grundausbildung diente von nun an „nur" als Vorbereitung für die Verpflichtung als Mannschaftsoldat auf Zeit. Etwa 3500 wurden damals pro Jahr als Ziel gesetzt.

Infolge der Aussetzung der Wehrpflicht kamen zwischen 2010 und 2017 nur Freiwillige in die Streitkräfte. Im Jahr 2017 entschied das Parlament, die Wehrpflicht zu reaktivieren (zum Umfang vgl. Abb. 1). Diese Entscheidung beruht auf mehreren Gründen:

- Die Landesverteidigung ist seit der russischen Aggression wieder zur zentralen Aufgabe geworden.

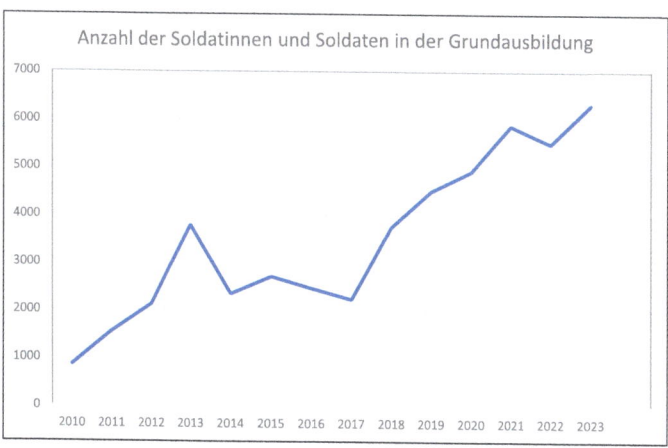

Abb. 1 Anzahl der Soldatinnen und Soldaten in der Grundausbildung. (Quelle: Eigene Darstellung. Zwischen 2010 und 2017 gab es nur Freiwillige, ab 2018 gilt wieder die Wehrpflicht. Ziel ab 2025 sind 8000 Grundwehrdienstleistende pro Jahr)

- Die Landesverteidigung braucht einen deutlich größeren Streitkräfteumfang für den Kriegsfall.
- Das gesetzte Ziel von 3500 neuen Freiwilligen pro Jahr wäre für die neue Lage nicht ausreichend. Im Durchschnitt kamen sogar nur 2200 Freiwillige pro Jahr.
- Die Befürworterinnen und Befürworter der Wehrpflicht – die linken Parteien – hatten die Mehrheit im Parlament und haben die Möglichkeit nicht verpasst, eine von Ereignissen überrannte Entscheidung der Opposition umzuwerfen.

3   Wie funktioniert die schwedische Wehrpflicht?

Die Wehrpflicht ist in Schweden eine von drei *Totalverteidigungspflichten*. Außer der Wehrpflicht gibt es die Zivilpflicht und die allgemeine Dienstpflicht. Während die beiden letztgenannten

Pflichten für die zivilen Teile der Totalverteidigung bestimmt sind
(vgl. Abschn. 5), gilt die Wehrpflicht ausschließlich für die Streitkräfte.

Ein Unterschied zwischen Deutschland und Schweden ist die
Sicht auf die Wehrgerechtigkeit. Wir haben keine Wehrgerechtigkeit. In Schweden wird der Bedarf an Wehrpflichtigen von der
Größe der Streitkräfte im Kriegsfall bestimmt, und davon leitet
sich die Anzahl für die Grundausbildung pro Jahr ab. In Schweden werden nur so viele einberufen, wie es dieser Anzahl entspricht. Es wäre gegen das Gesetz, alle 100.000 in einem Jahrgang einzuberufen, wenn für die Mehrheit keine Kriegsfallsbeorderung folgen würde. Die Zielgröße der schwedischen Streitkräfte
liegt im Kriegsfall bei 118.000 Soldatinnen und Soldaten, von
denen sind ca. 48.000 Wehrpflichtige vorgesehen (vgl. Abb. 2).

Ziel und Hauptzweck des Wehrpflichtsystems ist es also, diese
48.000 auszubilden. Die Systematik dahinter ist recht einfach.
Nach der Grundausbildung, die 11 bis 15 Monate lang ist, folgt
eine Beorderung in zum Beispiel eine Brigade. Diese erste Beorderung dauert sechs bis acht Jahre und beinhaltet eine oder zwei
Wehrübungen, die auch Teil der Wehrpflicht – und damit nicht

Personalkategorie	Anzahl im Kriegsfall
Berufsoffiziere	4.000
Berufsunteroffiziere	7.000
Angestellte Mannschaften	7.000
Reserveoffiziere	5.000
Reservemannschaften	6.000
Wehrpflichtige	48.000
Heimwehr	29.000
Zivilisten (Kombattanten)	12.000
Gesamt	**118.000**

Abb. 2 Zielgröße der schwedischen Streitkräfte im Kriegsfall. (Quelle:
Eigene Darstellung)

freiwillig – sind. Nach der ersten Beorderung kann eine zweite folgen, normalerweise in territoriale Einheiten, das heißt in Einheiten, die hinter der Front ihre Aufgaben haben, oder in die Reserve, wo schwedische Wehrpflichtige bis zum 47. Lebensjahr bleiben. Ein Achtel jeder Brigade wird also jährlich durch neu ausgebildete Wehrpflichtige ersetzt.

Ab 2025 ist es das Ziel, 8000 Wehrpflichtige pro Jahr in die Grundausbildung einzuberufen. Die Anzahl wird in Schweden vom Chef der Armee entschieden. Mit einer Stehzeit von acht Jahren bedeutet dies eine theoretische Anzahl von 64.000 für den Kriegsfall. Diese Anzahl wird sogar mit der zweiten Beorderung höher. Bei den 8000 muss jedoch mit ungefähr 500 Ausfällen während der Grundausbildung gerechnet werden. Von den 8000 werden auch viele als Offiziersanwärterinnen und Offiziersanwärter rekrutiert; und so bleiben ungefähr 7000, die jedes Jahr in die Streitkräfte beordert werden können. Diese Zahlen sind auch für eine Ersatzreserve ausreichend.

4 Wie werden die Wehrpflichtigen ausgewählt?

In jedem Jahrgang stehen wie erwähnt etwa 100.000 junge Frauen und Männer zur Verfügung. Dem Gesetz nach sind alle verpflichtet, sich prüfen zu lassen. Alle 18-jährigen schwedischen Staatsbürgerinnen und Staatsbürger erhalten einen Fragebogen mit 40 Fragen zur Gesundheit, zum körperlichen Zustand, zur Schulausbildung, zur Persönlichkeit und zu eventuellen Straftaten. Der Bogen schließt mit Fragen zur Motivation, unter anderem Wie ist die persönliche Einstellung zur Grundausbildung? Zusammengenommen ergeben diese Antworten ein erstes Bild davon, wer sowohl physisch als auch psychisch für die Grundausbildung geeignet sein könnte und wie die Motivation aussieht. Diese Befragung liegt der Auswahl zur zweitägigen Musterung zugrunde, der sich 30.000 Männer und Frauen unterziehen müssen. Von diesen werden schließlich 8000 für die Grundausbildung ausgewählt. Die Befragungen dienen allerdings nicht nur für die Auswahl zur Grundausbildung. Sie können auch später als Unterlagen für andere Aufgaben in der Totalverteidigung benutzt werden.

Die wichtigsten und vielleicht auch interessantesten Aspekte der Auswahl im Pflichtsystem sind:

- Die Anzahl der Soldatinnen und Soldaten für die Grundausbildung steigt – was keine Überraschung ist – deutlich.
- Der Anteil der Grundausgebildeten, die sich nach der Grundausbildung weiter verpflichten, *sinkt* mit dem Pflichtsystem.
- Die persönlichen Leistungsprofile von denen, die im Pflichtsystem ausgewählt werden, sind *besser* als die der Freiwilligen.
- Ein – im Vergleich zu den Freiwilligen – höherer Anteil der Einberufenen erfüllt die formalen Forderungen für die Offiziersausbildung.
- Die Dienstposten mit den höchsten Anforderungen sind die meist nachgefragten.
- Unter den Männern sind die mit den besten persönlichen Eigenschaften gleichzeitig auch die, die für die Grundausbildung hoch motiviert sind. Unter den Frauen ist diese Kovarianz geringer ausgebildet. Das Pflichtsystem begünstigt insofern die Männer.
- Junge Männer schätzen sich selbst höher ein als die Musterung sie später einstuft. Für Frauen verhält es sich umgekehrt. Die Bewertung der Fragebögen ist mittlerweile angepasst worden, damit gut geeignete Frauen nicht unbemerkt bleiben.

Die ersten Schlüsse daraus sind, dass das schwedische Pflichtsystem seinen übergeordneten Zweck erfüllt: die Bereitstellung des notwendigen Streitkräfteumfanges für den Kriegsfall. Um junge Frauen und Männer zu gewinnen, die sich als Mannschaftsoldatinnen und -soldaten nach der Grundausbildung weiter verpflichten, ist es weniger geeignet (vgl. Abb. 3).

Der Unterschied zur Freiwilligenarmee scheint zu sein, dass die ausgewählten Wehrpflichtigen nicht nur eine Auswahl, sondern eher eine *Auslese* sind, die gerne ein herausforderndes Jahr in den Streitkräften machen, aber im Leben andere Ziele haben als sechs Jahre als MG-Schütze zu dienen (Jägerzug oder Jurastudium?).

Für die Rekrutierung zu der Offizierslaufbahn ist das System jedoch klug, da es die dafür Richtigen auswählt und ihnen einen

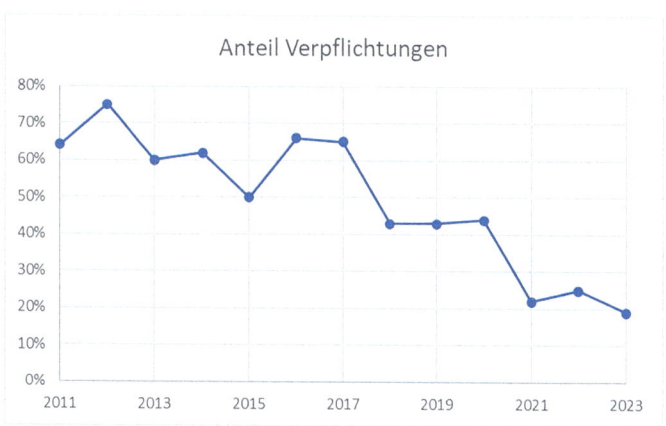

Abb. 3 Anteil von Verpflichtungen nach der Grundausbildung. (Quelle: Eigene Darstellung. Der Anteil von Verpflichtungen nach der Grundausbildung sinkt seit 2018 mit dem Ende der Freiwilligenarmee)

Einblick in die Streitkräfte gibt, den sie sonst nie bekommen hätten. Dies sorgt auch für eine wichtige Verwurzelung in der Gesellschaft, da es zunehmend Bürgerinnen und Bürger aller Schichten gibt, die die Wehrpflicht absolviert haben – und sei es nur ein kleiner Anteil.

Mit 6000 bis 8000 Einberufungen pro Jahr ist es noch einfach, gut Geeignete, die gleichzeitig motiviert sind, für die Grundausbildung zu finden. Die Frage ist, wie es mit einer Erhöhung auf 10.000 oder 15.000 Einberufungen aussehen würde. Der guten Stellung der schwedischen Streitkräfte in der Gesellschaft nach sehe ich dies positiv, aber es ist ein Faktor, mit dem wir rechnen müssen. In den 1980er Jahren, als wir eine allgemeine, männliche Wehrpflicht hatten, wurden bis zu 50.000 pro Jahr einberufen.

Eine andere Frage ist, was die Wehrpflicht für das schwedische Engagement in NATO bedeuten wird. Wir haben die Wehrpflicht 2017 mit der bündnisfreien Landesverteidigung im Blick reaktiviert. Der Bedarf damals war „Masse *nach* der Mobilmachung", aber wenigere Einheiten, die schon im Normalfall aktiv sind. Der Einsatz mit Wehrpflichtigen zur Abschreckung an der

Ostflanke ist derzeit nicht möglich. Bislang können nur stehende Einheiten mit angestellten Soldatinnen und Soldaten entsendet werden. Untersucht wird jetzt die Möglichkeit, wehrpflichtige Einheiten, die schon für ihre Kriegsfallaufgaben ausgebildet sind, für die Abschreckung zu nutzen.

5 Die zivilen Totalverteidigungspflichten: Zivildienst und allgemeine Dienstpflicht

Schweden ist ein Land mit einer langen Tradition von Totalverteidigung, die aus der militärischen und der zivilen Verteidigung besteht. Schon während des Zweiten Weltkrieges entstand der Bedarf, die zivile Bevölkerung zu schützen; im Kalten Krieg wurde das Konzept dann weiterentwickelt und verfeinert. So ging die militärische Verteidigung schon lange Zeit Hand in Hand mit der zivilen. Die im letzten Jahr neu erschienene Broschüre mit Maßnahmen für jede Bürgerin und jeden Bürger für die Krisenbereitschaft wurde erstmals 1943 herausgegeben. Es ging damals und es geht auch heute wieder darum, die zivile Gesellschaft so stark und resilient zu machen, dass sie nicht unter Druck von außen – wie einem Krieg – zusammenbricht. Um die zivilen Anteile der Totalverteidigung zu stärken, hat Schweden im Jahr 2022 einen Minister für Zivilverteidigung ernannt, der der zweite Minister im Verteidigungsministerium ist. Die Verantwortung für die beiden Säulen der Totalverteidigung wird so aus demselben Teil der Regierung geführt.

Die Basis für die zivile Verteidigung ist immer die zivile Gesellschaft. Fast alles ist schon da. Es obliegt bereits den Kommunen und Regionen, ihre Einwohnerinnen und Einwohner zu schützen, und jede Maßnahme dafür verstärkt die Resilienz. Zivilschutz im Frieden ist jedoch nicht gleichzusetzen mit ziviler Verteidigung, sie ist nur eine wichtige Basis dafür. In Friedenszeiten bestehen die Bedrohungen hauptsächlich aus Unfällen oder Katastrophen, die nicht gezielt uns treffen. Sie sind oft sowohl in Zeit als auch in Geografie begrenzt. Die zivile Verteidigung muss dagegen auch mit einem Gegner rechnen, der bewusst die Zivilbevölkerung angreift – wie es derzeit Russland in der Ukraine macht. Hier setzt die zentrale Koordination ein: für die Aufgaben, die zusätzlich kommen werden.

In Schweden ist die Totalverteidigung eine Aufgabe aller Menschen im Land, nicht nur der schwedischen Staatsbürgerinnen und -bürger. Insgesamt gibt es 68 Behörden mit Sonderaufgaben innerhalb zehn gesellschaftskritischer Bereiche, die für die Kontinuität der zivilen Funktionen als notwendig gelten. Damit einher geht ein erhöhter Bedarf an Personal. In vielen Bereichen ist damit zu rechnen, dass die Personalstärke im Frieden für den Kriegsfall nicht ausreichen wird. Hier kommen die Zivilpflicht und die allgemeine Dienstpflicht ins Spiel.

Alle Personen, die in Schweden wohnen (also nicht nur die Staatsbürgerinnen und -bürger) und zwischen 16 und 70 Jahre alt sind, sind im Kriegsfall von den Pflichten betroffen. Für die meisten bedeutet die Dienstpflicht schlicht, dass sie in ihren alltäglichen Tätigkeiten einfach weitermachen müssen. Einige Rechte, die sonst auf dem Arbeitsmarkt gelten, können allerdings eingeschränkt werden, wie Urlaub oder Kündigung.

Für andere könne es bedeuten, dass sie ihre normalen Berufe verlassen und ihrer zivilen Kriegsfallsbeorderung folgen müssen. Dies ist die schwedische Zivilpflicht. Wer einen für die Totalverteidigung wenig bedeutsamen Beruf ausübt, kann eine Beorderung in einem wichtigeren erhalten, wie in einem Krankenhaus oder bei einer Stromnetzreparaturfirma, die im Krieg mehr zu tun haben werden. Die meisten dieser Zivilpflichtigen besitzen bereits die notwendigen Kenntnisse. In den Krankenhäusern werden zum Beispiel vor allem ehemalige Mitarbeiterinnen und Mitarbeiter beordert, sodass kein großer zusätzlicher Bedarf an Ausbildung entsteht. Allerdings hat Schweden im Jahr 2024 wieder mit kürzeren Ausbildungen angefangen, die gezielt Zivilpflichtige für Kriegsfallsbeorderungen in den Rettungsdiensten aufbauen sollen. Die Zivilpflichtigen stellen insofern eine Art ziviler „Reservistinnen" und „Reservisten" dar. In Schweden haben mehr als 500.000 Zivilistinnen und Zivilisten schon zivile Kriegsfallbeorderungen.

Auch die einzelnen Bürgerinnen und Bürger haben Pflichten. Genau darauf zielt die Broschüre „Wenn der Krieg oder die Krise kommen würde", die, wie erwähnt, seit 1943 an alle Haushalte in

Schweden verteilt wird. Jeder, der in Friedenzeiten normal leben kann, soll im Kriegs- oder Krisenfall ohne äußere Unterstützung mindestens eine Woche durchhalten können und in der Lage sein, die Gesellschaft zu unterstützen oder zumindest nicht zu einer Belastung werden. Das zweite Ziel dieser Informationen ist es, mögliche Gefahren klar zu benennen und die moralische Bereitschaft zur zivilen Verteidigung zu stärken.

Die große Herausforderung besteht derzeit darin, unsere alten Fähigkeiten wiederzubeleben. Unser „timeout" in der Friedensdividende hat uns kein Gefallen getan und wir arbeiten langsam, aber zielgerichtet mit der Neuaufstellung. Einige Verhältnisse haben sich mit der Zeit auch verändert. Im Vergleich zu den 1950er bis 1980er Jahren sehen heute zum Beispiel der Privatbesitz und der nicht-schwedische Besitz von Unternehmen anders aus. Der Staat hat weniger direkten Einfluss. Private Unternehmen haben nichtsdestotrotz ein Interesse daran, dass die Gesellschaft, der Markt und die Finanzsysteme nicht zusammenbrechen. So werden auch sie in die Totalverteidigung mit eingebunden. Abschließend bleibt zu betonen, dass das Konzept der Totalverteidigung in der schwedischen Gesellschaft tief verwurzelt ist. Es wird nicht als Bedrohung angesehen, sondern von den Einwohnerinnen und Einwohnern explizit verlangt.

Wehrdienstverweigerung – ein Menschenrecht? Juristische Regelungen und Normen in Europa

Stefan Oeter

1   Einleitung

Es gibt eine lange Tradition des Pazifismus in der christlichen Denktradition, die allerdings lebenspraktisch fast immer nur in „Dissenter"-Gemeinschaften vorherrschend war (vgl. Cortright 2009, S. 195 ff.). Die großen Kirchen, die über Jahrhunderte mit dem (Fürsten-)Staat in enger Symbiose standen, beäugten diese pazifistischen Strömungen mit Misstrauen, ja verfolgten sie oft als Ketzergruppen. Die herrschende Interpretation der Zwei-Reiche-Lehre ließ den militärischen Dienst als Obliegenheit gegenüber dem Herrscher in weltlichen Dingen erscheinen (vgl. Huber 1987, Sp. 1872 f.). Das Aufkommen des modernen Nationalstaates im 19. Jahrhundert hat die affirmative Haltung der Kirchen zum Militärdienst eher noch bestärkt, erschien doch nun der Wehrdienst als patriotische Pflicht gegenüber der Bürgernation, das Sich-Entziehen unter Berufung auf fundamentalpazifistische Überzeugungen als Drückebergerei. Diese Denkhaltung hat das Selbstverständnis liberaldemokratischer Gesellschaften bis weit in das 20. Jahrhundert hinein geprägt.

S. Oeter (✉)
Universität Hamburg, Hamburg, Deutschland
E-Mail: stefan.oeter@uni-hamburg.de

© Der/die Autor(en), exklusiv lizenziert an Springer Fachmedien   73
Wiesbaden GmbH, ein Teil von Springer Nature 2025
I.-J. Werkner (Hrsg.), *Debatten um die Wehrpflicht*, Gerechter
Frieden, https://doi.org/10.1007/978-3-658-48599-3_7

Blickt man dagegen auf die Zeit seit dem Ende des Zweiten
Weltkrieges, also auf die achtzig Jahre der vom Gewaltverbot und
Menschenrechtskonzepten geprägten multilateralen Ordnung der
Nachkriegszeit, so zeigt sich ein deutlicher Wandel (vgl. Takemura 2009, S. 20 ff., 83 ff.). Das Phänomen der Verweigerung des
Dienstes an der Waffe aus Gewissensgründen unterliegt in dieser
Zeit einem massiven Wandel in der philosophischen wie juristischen Bewertung. Noch in den 1950er- und frühen 1960er Jahren
erschien es den meisten Staaten als mehr oder weniger undenkbar,
ein grundsätzliches Recht auf Wehrdienstverweigerung anzuerkennen. Dementsprechend schwer taten diese sich, mit der klei-
nen Gruppe religiös motivierter Totalverweigerer umzugehen,
die sich auch von strafrechtlichen Sanktionen nicht abschrecken
ließen. Die normative Bewertung begann dann ab Ende der
1960er Jahre, sich massiv zu ändern (vgl. Marcus 1998, S. 514 ff.).
Wichtige Organe der Staatengemeinschaft, wie die Generalversammlung der Vereinten Nationen oder die Parlamentarische Versammlung des Europarates, begannen zu dieser Zeit, sich der
Thematik anzunehmen und lösten damit (zunächst noch sehr
streitige) Diskussionen aus. Erst der Fall des Eisernen Vorhangs
und das Ende des Kalten Krieges brachten in dieser Frage den ent-
scheidenden Durchbruch. Auf globaler Ebene änderte das *Human
Rights Committee* der Vereinten Nationen, also der „treaty body"
für den Internationalen Pakt über bürgerliche und politische
Rechte, seine Rechtsprechung, unter Anerkennung, dass Art. 18
des Paktes als notwendige Ableitung auch die Gewährleistung
eines Rechts auf Wehrdienstverweigerung enthält. Auf europäischer Ebene blieb der Europäische Gerichtshof für Menschenrechte in seiner Auslegung der Europäischen Menschenrechtskonvention (EMRK) eher reserviert, doch kam es schließlich mit der
Verabschiedung der Charta der Grundrechte der Europäischen
Union zu einer Positivierung des Rechts auf Verweigerung des
Militärdienstes im europäischen Kontext, da die GRCh nun in
Art. 10 (2) ausdrücklich ein Recht auf Wehrdienstverweigerung
gewährleistet (vgl. Bernsdorff 2024, Art. 10 Rn. 17 ff.).

Eine kurze einleitende Bemerkung zur einschlägigen Termino-
logie sei hier erlaubt: Die Arbeit spricht im weiteren Verlauf
durchgängig von Wehrdienstverweigerung. Daneben findet sich

in der Literatur auch vielfach der Begriff der Kriegsdienstverweigerung, der die militärkritische Strömung in der Ethik und in den
Sozialwissenschaften lange dominiert hat, vor allem in Zeiten des
Kalten Kriegs (vgl. Huber 1987, Sp. 1874 ff.). Er lässt als Grundverständnis anklingen, dass militärischer Dienst an der Waffe
immer der Rüstung zu Kriegszwecken dient, also Kriegs-
vorbereitung im Kontext bellizistischer Politikansätze betreibt.
Der Begriff des Wehrdienstes (und der Wehrdienstverweigerung)
ist demgegenüber neutraler, er stellt auf die in modernen National-
staaten traditionell übliche Pflicht zur Leistung des Wehrdienstes
im Interesse der Gewährleistung der äußeren Sicherheit des Staates ab (vgl. Gornig 2018, Art. 12a Rn. 3 ff., 14 ff.). Dieser Begriff
ist auch der im juristischen Sprachgebrauch heute gängige Termi-
nus, da die Rechtsordnung den militärischen Dienst an der Waffe,
den Wehrpflichtige zu absolvieren haben, üblicherweise als Wehrdienst bezeichnet (in diesem Sinne auch Herzog 1987, Sp. 1880) –
wenn auch der juristische Sprachgebrauch seinerseits nicht konsistent ist, wie man an der Begrifflichkeit des „Kriegsdienstes mit
der Waffe" in Art. 4 Abs. 3 und Art. 12 Abs. 2 S. 1 GG sehen kann
(vgl. dazu Starck 2018, Art. 4 Rn. 160 ff.).

2 Der klassische Republikanismus und der Kampf gegen die allgemeine Wehrpflicht

Die traditionelle Reserve gegenüber einem allgemeinen Recht auf
Wehrdienstverweigerung ist vor dem Hintergrund des zur Mitte
des 20. Jahrhunderts noch völlig vorherrschenden Republikanismus klassischer Prägung kaum verwunderlich. In einer traditionellen Konstruktion der Reziprozität patriotischer Pflichten
spricht zunächst sehr viel gegen eine allgemeine Anerkennung
eines Rechts auf Wehrdienstverweigerung (vgl. Asheri-Shahaf
2016). Soweit der Einzelne als Teil des übergreifenden Sozial-
vertrages von seinem Staat (und der dahinterstehenden Bürger-
gemeinschaft) Schutz gegen innere und äußere Gefahren erwartet,
ist damit implizit auch der Dienst an der Waffe vorausgesetzt, der
unweigerlich das Eingehen von Gefahren für Leib und Leben erfordert. Daraus resultiert dann die Folgefrage, ob ich von meinen

Mitbürgern das Eingehen solcher Gefahren von Leib und Leben verlangen kann, ohne mich potenziell auch selbst diesen Gefahren auszusetzen (vgl. Marcus 1998, S. 510; Doehring 1981, S. 45 ff.). In einer Perspektive eines klassischen Republikanismus verlangt die bürgerliche Gleichheit von jedem einzelnen, sich (zumindest potenziell) gleichermaßen wie alle anderen Bürger dieser Gefahr auszusetzen (vgl. Lippman 1990, S. 34). Kriegsdienstverweigerung erscheint in dieser traditionellen Perspektive als Aufkündigung der bürgerlichen Gleichheit und als gestörte Reziprozität im Zusammenspiel von bürgerlichen Rechten und Pflichten. So sprach noch 1948 der SPD-Abgeordnete Georg August Zinn im Blick auf die Aufnahme eines Rechts auf Wehrdienstverweigerung in Art. 4 Abs. 3 GG davon, man wolle hier wohl ein „Recht zur Drückebergerei" (zit. nach Pikart und Werner 1993, S. 420) einführen.

Diesem Grundverständnis entsprechend waren die Staaten in der Formationsphase der heutigen multilateralen Ordnung (und des heutigen Völkerrechts) von grundlegender Skepsis gegenüber dem Gedanken eines prinzipiellen Rechts auf Wehrdienstverweigerung geprägt (vgl. Kessler 2013, S. 757 ff.). Dies zeigt sich auch in der Entstehungsgeschichte der modernen Menschenrechtskonventionen, wie des Internationalen Paktes über bürgerliche und politische Rechte (IPbpR) und der Europäischen Menschenrechtskonvention, der EMRK (vgl. O'Halloran 2022, S. 66 ff.). Bei der Ausarbeitung der Allgemeinen Erklärung der Menschenrechte, die 1948 von der UN-Generalversammlung als programmatisches Dokument für den Menschenrechtsschutz verabschiedet wurde, gab es im Blick auf die in Art. 18 der Erklärung gewährleistete Garantie der Gedanken-, Gewissens- und Religionsfreiheit keinerlei Debatte um ein Recht auf Militärdienstverweigerung (vgl. Çinar 2013, S. 43 ff.). In den (auf dem Text der Allgemeinen Erklärung aufsetzenden) Entwurfsarbeiten zur EMRK, die in den Jahren 1949 und 1950 stattfanden, war das Recht auf Wehrdienstverweigerung ebenfalls kein Diskussionspunkt – die überwiegende Mehrzahl der Staaten stand einem solchen Recht noch völlig ablehnend gegenüber (vgl. Yiannaros 2016, S. 430 ff.; Çinar 2013, S. 95 ff.; Takemura 2009, S. 84 ff.). Einzig eine Klausel im Kontext des Art. 4 (3) (b) EMRK, dem Verbot der Sklaverei oder Zwangsarbeit, stellte klar, dass Formen

des verpflichtenden Militärdienstes und – soweit anerkannt –
eines alternativen zivilen Ersatzdienstes nicht unter den Begriff
der Zwangsarbeit (*forced or compulsory labour*) fallen – was den
Mitgliedsstaaten völlige Freiheit ließ, Formen der Wehrdienstverweigerung anzuerkennen und mit der Pflicht zu einem Ersatzdienst zu belegen oder an einer unbedingten Wehrpflicht festzu-
halten (vgl. Çinar 2013, S. 102 ff.). Erst bei der Aushandlung der
UN-Pakte Mitte der 1960er Jahre gab es Ansätze einer Diskussion
zur Frage der Militärdienstverweigerung; so erfolgte in den Beratungen ein Vorstoß der Philippinen, explizit eine Gewährleistung des Rechts auf Militärdienstverweigerung in den Text aufzunehmen. Auf Druck der überwiegenden Mehrheit der beteiligten
Staaten wurde dieser Vorschlag jedoch wieder fallengelassen und
der Normtext des Paktes enthält in der Folge keinerlei Spur eines
Rechts auf Wehrdienstverweigerung (vgl. Çinar 2013, S. 50 ff.;
Takemura 2009, S. 29). Im Gegenteil, Art. 8, die Bestimmung
zum Verbot der Sklaverei und Zwangsarbeit, nimmt in Abs. 3 lit.
c) (ii) ausdrücklich – wie in der EMRK – „jede Dienstleistung militärischer Art" aus dem Begriff der Zwangs- oder Pflichtarbeit
aus, ebenso wie „in Staaten, in denen die Wehrdienstverweigerung
aus Gewissensgründen anerkannt wird, jede für Wehrdienstver-
weigerer gesetzlich vorgeschriebene nationale Dienstleistung"
(Çinar 2013, S. 56 ff.). Letztere Formel, die im Kontext der Entwurfsarbeiten sehr umkämpft war, um ja keinen Ansatz eines
Rechts auf Verweigerung erkennen zu lassen, stellt es im Ergebnis
ins Belieben der Staaten, ob sie ein Recht auf Wehrdienstverweigerung anerkennen oder nicht (vgl. Takemura 2009, S. 22 ff.).

Wenige Jahre später setzte allerdings eine konzertierte NGO-
Kampagne zur Etablierung eines Rechts auf Wehrdienstverweige-
rung ein. Erster Erfolg dieser Kampagne war eine befürwortende
Resolution der Parlamentarischen Versammlung des Europarates
von 1967; das Ministerkomitee lehnte jedoch offen ab, auf diesen
Vorschlag einzugehen (vgl. Lippman 1990, S. 46 f.; Takemura
2009, S. 88 ff.). Allerdings griffen die Vereinten Nationen in einer
Parallelaktion das Anliegen auf; 1970 kam es vor dem Hinter-
grund der massiven Anti-Kriegsbewegung, entfacht durch die
Proteste gegen den Vietnamkrieg, zu ersten Debatten in der
Generalversammlung der Vereinten Nationen (vgl. Kessler 2013,

S. 761 ff.). Konkrete Formen nahm das Plädoyer für die Etablierung eines Rechts auf Kriegsdienstverweigerung mit einer Resolution der Menschenrechtskommission der Vereinten Nationen
von 1971 an, die allerdings zunächst den Generalsekretär der Vereinten Nationen mit der Sammlung weiterer Informationen be-
traute (vgl. Takemura 2009, S. 33 ff.; zu den Hintergründen auch
Kessler 2013, S. 768 ff.). Aufgenommen wurde dies in der
Generalversammlungsresolution 33/165 von 1978, die das erste
Mal offen ein Recht auf Kriegsdienstverweigerung statuierte,
wenn auch eingegrenzt auf den Dienst in bewaffneten Organen
des Apartheid-Staates Südafrika (vgl. Lippman 1990, S. 48 f.; Takemura 2009, S. 40 ff.). Über die 1970er Jahre hinweg hatte sich
auch der Generalsekretär der Vereinten Nationen der Sache angenommen und eine Reihe von Studien und Berichten erarbeiten
lassen. Wirkliches Momentum kam in die Kampagne zur Etablierung eines Rechts auf Kriegsdienstverweigerung dann mit einer
Serie von Resolutionen der UN-Menschenrechtskommission in
den Jahren 1985 bis 1989 (vgl. Takemura 2009, S. 45 ff.; Kessler
2013, S. 776 ff.; Lippman 1990, S. 50 ff.).

3 Tendenzen zur Etablierung eines Rechts auf Wehrdienstverweigerung

Das *Human Rights Committee* der Vereinten Nationen (HRC), der
„treaty body" für den IPbpR, dem die Aufgabe der Überwachung
der Umsetzung des Paktes über bürgerliche und politische Rechte
übertragen ist, verhielt sich bis in die späten 1980er Jahre eher ab-
wartend bis skeptisch. So sah das HRC keine Veranlassung, aus
Art. 18 IPbpR, der Garantie der Gedanken-, Gewissens- und
Religionsfreiheit im Pakt, ein Recht auf Kriegsdienstverweigerung abzuleiten. Ein solches Recht ist weder explizit im Pakt enthalten noch ergab es sich in der damaligen Sicht des HRC notwendig aus den Grundsätzen der Gedanken-, Gewissens- und
Religionsfreiheit. Insbesondere in seiner Praxis zu Individualbeschwerden negierte er die Existenz eines derartigen Rechts
(vgl. Kessler 2013, S. 780 ff.). Nach 1990 trat dann allerdings ein
abrupter Wandel in der Entscheidungspraxis ein, der sich in Obi-

ter Dicta zugunsten eines Rechts auf Wehrdienstverweigerung niederschlug. Zum Schwur kam die Frage dann 1993 bei den Beratungen zu einem *General Comment* zu Art. 18 IPbpR. Die Debatten zur Frage der Wehrdienstverweigerung erwiesen sich als recht kontrovers, doch am Schluss einigte sich der Ausschuss auf eine kunstvoll ausbalancierte Kompromissformulierung, die die Frage eines entsprechenden Rechts auf Verweigerung an den Gebrauch tödlicher Waffen knüpfte und die Existenz einer generellen Pflicht der Staaten, Verweigerer vom Wehrdienst zu befreien, im Kern offenließ (vgl. Çinar 2013, S. 68 ff.; Takemura 2009, S. 57 ff.). Das *General Comment* Nr. 22 zu Art. 18 IPbpR enthält in Paragraf 11 folgende Formulierung:

> „Many individuals have claimed the right to refuse to perform military service (conscientious objection) on the basis that such right derives from their freedoms under article 18. In response to such claims, a growing number of States have in their laws exempted from compulsory military service citizens who genuinely hold religious or other beliefs that forbid the performance of military service and replaced it with alternative national service. The Covenant does not explicitly refer to a right of conscientious objection, but the Committee believes that such a right can be derived from article 18, inasmuch as the obligation to use lethal force may seriously conflict with the freedom of conscience and the right to manifest one's religion or belief. When this right is recognized by law or practice, there shall be no differentiation among conscientious objectors on the basis of the nature of their particular beliefs; likewise, there shall be no discrimination against conscientious objectors because they have failed to perform military service. The Committee invites States parties to report on the conditions under which persons can be exempted from military service on the basis of their rights under article 18 and on the nature and length of alternative national service. “

In der Folge bildete sich eine Entscheidungspraxis des HRC heraus, in der sowohl im Kontext von Individualbeschwerdeverfahren unter dem Fakultativprotokoll als auch bei der Prüfung der Staatenberichte und den dazu verabschiedeten *Concluding Observations* die Position vertreten wurde, dass im Grundsatz aus Art. 18 IPbpR ein Recht auf Wehrdienstverweigerung folge, wenn auch unter recht eng eingegrenzten Bedingungen (vgl. Kessler

2013, S. 782 ff.; Çinar 2013, S. 70 ff.; Takemura 2009, S. 69 ff., 74 ff.). Diese Position prägt seither die Rechtsprechung des Organs, trotz massiver Konflikte, die daraus mit einer Reihe von Staaten entstanden sind, und wurde im Prinzip auch von der UN-Menschenrechtskommission (nun Menschenrechtsrat) bestätigt (vgl. Çinar 2013, S. 61 ff.; Takemura 2009, S. 61 ff.).

Ergänzend zu erwähnen ist die Entscheidungspraxis der *Working Group on Arbitrary Detentions*, eines der spezifischen Mechanismen im Rahmen der *Special Procedures* des UN Human Rights Council (vgl. Toomey 2019, S. 787 ff.; Çinar 2013, S. 84 f.). 1991 von der UN-Menschenrechtskommission als spezielles Gremium geschaffen, hat diese *Working Group* einen eigenen Beschwerdemechanismus geschaffen, über den sich Betroffene gegen willkürliche Freiheitsentziehungen wehren können (zu Mandat und Arbeitsweise dieser *Working Group* vgl. Toomey 2019, S. 791 ff.). Immer wieder kam es in diesem Rahmen auch zu Beschwerden wegen Inhaftierungen aufgrund von Verweigerungen des nationalen Militärdienstes, typischerweise in Staaten, die keine Vorkehrungen für ein Verweigerungsverfahren und einen zivilen Ersatzdienst geschaffen hatten. Traditionell vertrat die *Working Group* hier einen eher zurückhaltenden Kurs, da global kein Konsens über ein allgemeines Recht auf Wehrdienstverweigerung erkennbar war (vgl. Toomey 2019, S. 794 ff.). Erst in einer Entscheidung von 2018, in den Fällen Shin und Baek gegen Korea, bezog die *Working Group* einen dezidiert progressiven Kurs. Sie berief sich dabei, ähnlich wie der EGMR ein paar Jahre zuvor im Fall Bayatyan, auf das veränderte Verständnis der Menschenrechte und plädierte, unter Verweis auf die Entscheidungspraxis des HRC und die Resolutionen der UN-Menschenrechtskommission sowie des Menschenrechtsrates, für einen „more progressive approach". Zu Kenntnis zu nehmen sei der „growing consensus regarding the harm to society involved in obliging individuals to take up arms and to take part in a military process involving training in the use of force despite their convictions" (Opinion No. 40/2018 der Working Group, zit. nach Toomey 2019, S. 798). Dementsprechend sei, der Position des HRC folgend, davon auszugehen, dass aus Art. 18 IPbpR logisch ein Recht auf Wehrdienstverweigerung aus Gewissensgründen abzuleiten sei; die Verurteilung der Verweigerer zu vollziehbaren Haftstrafen, ohne Möglichkeit eines zivilen Ersatzdienstes, stelle in der Folge eine willkürliche Freiheitsentziehung dar (vgl. Toomey 2019, S. 797 ff.).

Auf europäischer Ebene begannen sich die Dinge etwa zur gleichen Zeit zu ändern. Über zwei Jahrzehnte hinweg waren die Staaten nicht auf die Vorstöße der Parlamentarischen Versammlung des Europarates eingetreten – doch 1987 verabschiedete das Ministerkomitee des Europarates die *Recommendation* R (87) 8, die sich dem Plädoyer der Parlamentarischen Versammlung anschloss und die Staaten zur Verankerung eines Rechts auf Wehrdienstverweigerung in ihrem nationalen Recht aufforderte (vgl. Çinar 2013, S. 109 f.; Takemura 2009, S. 90 f.). Der Jugoslawienkrieg der frühen 1990er Jahre führte dann zur Verstärkung dieser rechtspolitischen Bemühungen (vgl. Yiannaros 2016, S. 437 f.; Takemura 2009, S. 91 f.). In einem Bericht für den Rechtsausschuss der Parlamentarischen Versammlung wurde 2001 festgestellt, dass nur noch eine Handvoll der Staaten Europas dem Trend nicht gefolgt waren und kein Recht auf Kriegsdienstverweigerung auf nationaler Ebene anerkannt und im nationalen Recht verankert hatten (vgl. Takemura 2009, S. 92 f.).

Global war die Staatengemeinschaft zu diesem Zeitpunkt – trotz aller Initiativen der Vereinten Nationen – noch weit von einem Konsens über die Anerkennung eines allgemeinen Rechts auf Wehrdienstverweigerung entfernt. Nach einer Zählung der Vereinten Nationen beharrten auch zu diesem Zeitpunkt noch über 40 Staaten auf einem rigiden Ausschluss jeder Form von Wehrdienstverweigerung (vgl. Marcus 1998, S. 527 ff.). Allenfalls in Europa hatte sich der normative Wandel so weitgehend durchgesetzt, dass Autorinnen und Autoren zumindest für Europa ein einschlägiges regionales Völkergewohnheitsrecht postulierten (vgl. Marcus 1998, S. 525). Allerdings haben sich die Europäische Menschenrechtskommission und der Europäische Gerichtshof für Menschenrechte konstant geweigert, Fragen der Wehrdienstverweigerung als ein Problem der Gewissens- und Religionsfreiheit zu thematisieren; das in Art. 4 (3) (b) EMRK gewährleistete Verbot der Zwangsarbeit lasse den Mitgliedsstaaten ausdrücklich die Wahlfreiheit, ob sie einen zivilen Ersatzdienst anstelle des verpflichtenden Militärdienstes einführen wollen (vgl. Yiannaros 2016, S. 433; Takemura 2009, S. 97). In der Konsequenz haben die Europäische Kommission für Menschenrechte und dann ab 1999 der Europäische Gerichtshof für Menschenrechte Individualbeschwerden zur Frage der Wehrdienstverweigerung durchgängig unter Art. 4 (3) (b) EMRK geprüft, wobei sie unterschiedliche Formen des zivilen Ersatzdienstes als eine gerechtfertigte Ausnahme vom Verbot der Zwangsarbeit ansahen (vgl. u.a. Decker und Fresa 2001, S. 403 ff.; Çinar 2013, S. 111 ff.). Allenfalls in einzelnen Extremfällen ist es in diesen Jahrzehnten zu Verletzungsentscheidungen gekommen – etwa in der Entscheidung im Fall Ülke gegen die Türkei von 2006, wo der Beschwerdeführer neun Mal zu Freiheitsstrafen wegen seiner fortgesetzten Wehrdienstverweigerung verurteilt worden war und mehrere Jahre Haft in Militärgefängnissen verbracht hatte. Maßstab war hier dann allerdings Art. 3 EMRK, konkret das Verbot der unmenschlichen oder erniedrigenden Behandlung – wegen der unverhältnismäßigen Bestrafung, also der auf die Kriegsdienstverweigerung folgenden Sanktionen (vgl. Takemura 2009, S. 101 f.).

Erst der Fall Bayatyan gegen Armenien gab dem Gerichtshof dann Gelegenheit, seine Rechtsprechung zu revidieren (vgl. Yiannaros 2016, S. 444 ff.). Der Beschwerdeführer, ein Zeuge Jehova, war 2003 in Armenien wegen seiner Verweigerung des Militärdienstes zu zweieinhalb Jahren Haft verurteilt worden. Kurz darauf wurde – aufgrund der Verpflichtungen im Gefolge des Beitritts zum Europarat – durch Gesetz die Möglichkeit zur Wehrdienstverweigerung geschaffen. Trotz des von Armenien gegebenen Versprechens, alle wegen Wehrdienstverweigerung in Haft sitzenden Personen zu amnestieren, kam Herr Bayatyan nicht aus der Haft frei. Auf seine Beschwerde hin votierte die zuständige Kammer des EGMR 2008 zunächst mehrheitlich für eine Nicht-Verletzung der Konvention (vgl. Yiannaros 2016, S. 446). Die Kammer folgte dabei der etablierten Rechtsprechungspraxis, aus der EMRK folge kein Recht auf Wehrdienstverweigerung und einen zivilen Ersatzdienst, wie Art. 4 (3) (b) EMRK belege. Die Richterin Ann Power kritisierte in ihrem dissentierenden Votum die Kammer heftig für dieses Festhalten an der alten Rechtsprechung und betonte die „dynamic and evolutive nature of the Convention as a living instrument" (zit. nach Yiannaros 2016, S. 446 f.). Die mit diesem Fall in zweiter Instanz befasste *Grand Chamber* drehte die Argumentation und konstatierte – unter Rückgriff auf Art. 9 (1) EMRK, also mit Bezug auf die Gewissens-,

Glaubens- und Bekenntnisfreiheit – die Anwendbarkeit dieser Garantie auf den Fall. Die mit der Bestrafung vorgenommene Beschränkung des Rechts sei nicht gerechtfertigt. Im Kontext der Prüfung der Schrankenklausel des „necessary in a democratic society" verwies die Große Kammer auf den weitreichenden Konsens der Mitgliedsstaaten des Europarates, ein Recht auf Wehrdienstverweigerung unter bestimmten Bedingungen anzuerkennen. Sie belegte diesen Konsens dann auch mit Verweisen auf die einschlägigen Resolutionen der Parlamentarischen Versammlung, die Empfehlungen des Ministerkomitees und den *General Comment* Nr. 22 des *UN-Human Rights Committee* (vgl. Yiannaros 2016, S. 447 ff.).

Im europäischen Kontext war der politische Durchbruch hin zu einer Positivierung des Rechts auf Kriegsdienstverweigerung schon etwas früher erfolgt, mit der Charta der Grundrechte der Europäischen Union (GrRCh). Diese gewährleistet in Art. 10 (2) ausdrücklich: „Das Recht auf Wehrdienstverweigerung aus Gewissensgründen wird nach den einzelstaatlichen Gesetzen anerkannt, welche die Ausübung dieses Rechts regeln." Die Aufnahme einer solchen expliziten Gewährleistung des Rechts auf Wehrdienstverweigerung erfolgte im Konvent ohne größere Diskussion und stieß sowohl auf dem Gipfel von Nizza, wo die GrRCh zunächst als programmatisches Dokument angenommen wurde, als auch auf dem Gipfel von Lissabon, der die Charta zum verpflichtenden Primärrecht erhob, auf keine nennenswerten Widerstände (vgl. Takemura 2009, S. 94 f.). Zu erklären ist dies wohl mit dem Umstand, dass zu Beginn der 2000er Jahre alle EU-Mitgliedsstaaten längst ein Recht auf Wehrdienstverweigerung in ihr nationales Recht aufgenommen hatten. Die wenigen Staaten, die man als „persistent objector" gegen diese Rechtsentwicklung ansehen könnte, waren alle nicht Mitglied der EU.

4   Das Recht auf Wehrdienstverweigerung als regionales Gewohnheitsrecht in Europa

Heute anerkennen praktisch alle europäischen Staaten in der einen oder anderen Form ein Recht auf Wehrdienstverweigerung (die einzige Ausnahme ist hier bis heute die Türkei, vgl. insofern

Yildirim 2010, S. 65 ff.; Çaltekin 2022). Diese Anerkennung des
Rechts im nationalen Recht ist nicht durchgängig explizit im
Text der Verfassung verankert, sondern ergibt sich zum Teil auch
nur aus der Rechtsprechung der nationalen Verfassungsgerichte.
Von einem Großteil der Staaten Europas – und im Besonderen
der Mitgliedsstaaten der EU – wird die Möglichkeit der Verweigerung des Wehrdienstes aus Gewissensgründen und die
damit verbundene Möglichkeit eines zivilen Ersatzdienstes bereits auf der Verfassungsstufe gewährleistet (vgl. Maroń 2024,
S. 166 ff.). Nur die Bestimmungen des Anerkennungsverfahrens
und des Ersatzdienstes sind dann regelhaft auf der Stufe des ein-
fachen Gesetzesrechts weiter ausgeformt. Die Details der verfassungsrechtlichen Gewährleistungen variieren, insbesondere
hinsichtlich der akzeptierten Verweigerungsgründe – zum Teil
werden diese nur mit starken Einschränkungen akzeptiert, zum
Teil finden sich aber auch sehr breite Formulierungen der rele-
vanten Gewissensgründe (vgl. Maroń 2024, S. 168 ff.). Häufig
wird ein allgemeines Recht auf Verweigerung garantiert, bezogen auf ganz verschiedene Arten von Gewissenskonflikten. Einige Staaten, wie Griechenland und die Ukraine, beschränken
das Recht auf Wehrdienstverweigerung aber auch allein auf religiöse Verweigerungsgründe (vgl. zur Differenzierung nach verschiedenen Verweigerungsgründen Çinar 2013, S. 17 ff.). Der
Schwerpunkt der menschenrechtlichen Probleme in diesem Bereich hat sich insgesamt auf die konkrete Ausgestaltung des zivilen Ersatzdienstes verlagert, wie aus den Berichten des Menschen-
rechtskommissars des Europarates ersichtlich ist (vgl. Takemura
2009, S. 104 ff.). Dieser beurteilt die Ausgestaltung in einigen
Fällen (wie Finnland und Griechenland) als diskriminierend, sowohl aufgrund der unverhältnismäßigen Länge wie aufgrund der
belastenden Ausgestaltung.

Sonderfälle sind in der Praxis der Umsetzung insofern die
Ukraine und Russland. Die Ukraine hat nur ein auf religiöse
Gründe eingeschränktes Verweigerungsrecht vorgesehen, gepaart
mit einschränkenden Kauteln, die selbst bestimmte Formen religiös motivierter Verweigerung von der Gewährleistung ausschlie-
ßen. In der gegenwärtigen Kriegssituation, unter der Geltung des
Kriegsrechts, führt dies in der Praxis offenbar dazu, dass Be-

hörden vielfach die Berufung auf das Recht der Kriegsdienstverweigerung obstruieren und – trotz erklärter Verweigerung – Betroffene an die Front schicken (vgl. Roskoshnyi 2024). In Russland wurde im Gefolge der rechtlichen Anpassung an die
Standards des Europarates ein relativ großzügiges Regime der
Wehrdienstverweigerung in die Verfassung und das konkretisie-
rende Gesetzesrecht geschrieben. In der gegenwärtigen Kriegssituation scheint dieses Gesetzesregime aber systematisch unterlaufen zu werden, mit willkürlicher Verweigerung des Zugangs
zum Anerkennungsverfahren, schikanöser Behandlung von Ver-
weigerern und drastischen Strafen, die über Verweigerer verhängt
werden (vgl. Stenvall 2023).

In einer übergreifenden Perspektive zeigt sich im Blick auf die
Entwicklung des Rechts auf Wehrdienstverweigerung seit 1950
ein nachhaltiger Wandel der Wertvorstellungen und normativen
Praktiken. Ein Recht auf Wehrdienstverweigerung ist heute in
Europa fast durchgängig anerkannt, mit verbleibenden Rest-
problemen in der Ausgestaltung des Ersatzdienstes. Nur in der
Extremsituation der Staaten unter Kriegsrecht kommt es zu massiven Verstößen gegen das Recht auf Kriegsdienstverweigerung,
in Form der willkürlichen Verweigerung des Zugangs zu Anerkennungsverfahren und der verbreiteten Schikanen gegen Verweigerer. Es sind dies jedoch Extremkonstellationen, die nicht
nur mit der Kriegssituation dieser Staaten zu tun haben, sondern
auch mit der mangelnden Gesetzesbindung und verbreiteten
Willkür von Verwaltung und Justiz im Allgemeinen, die das
Rechts- und Institutionensystem der post-sowjetischen Staaten
bis heute plagen.

5 Fazit

In einer übergreifenden Perspektive lässt sich das oben zitierte
Diktum, dass zumindest für Europa ein einschlägiges regionales
Völkergewohnheitsrecht anzunehmen ist, durchaus gut begrün-
den. Global sind wir von einer durchgängigen Anerkennung eines
solchen Rechts aber noch weit entfernt, selbst für den klassischen
Kernbereich der religiös motivierten Verweigerung (vgl. Rorive

and Corrêa 2020, S. 370 ff.). Erst recht heikel wird es im Blick auf
Formen der situativen Kriegsdienstverweigerung, typischerweise
gestützt auf die Behauptung, der geforderte Kriegsdienst laufe auf
die Unterstützung einer völkerrechtswidrigen Gewalthandlung
hinaus (etwa die Teilnahme an einem Angriffskrieg unter Verstoß
gegen das Aggressionsverbot). Prinzipiell spricht viel für ein solches Recht auf eine ‚situative' Verweigerung, vor allem im Blick
auf die zunehmende direkte Inpflichtnahme des Einzelnen für die
Einhaltung grundlegender völkerrechtlicher Regeln (vgl. Marcus
1998, S. 541 f.; Lippman 1990, S. 63). Die Staatenpraxis ver-
weigert sich allerdings bis heute weitgehend dieser Einsicht und
akzeptiert tendenziell eher Formen prinzipieller Verweigerung
aus religiösen oder fundamentalpazifistischen Motiven (vgl. Çinar
2013, S. 33 ff.). Solange eine Vielzahl von Staaten an Formen
eines verpflichtenden Wehrdienstes festhält, wird sich an der Um-
strittenheit des postulierten ‚Menschenrechts auf Wehrdienstverweigerung' auf globaler Ebene auch nichts ändern – der klassi-
sche Republikanismus mit seiner Vorstellung reziproker staats-
bürgerlicher Rechte und Pflichten ist nicht wirklich tot, ja könnte
in Zeiten ansteigender militärischer Bedrohungen, wenn nicht
gar akuter Aggressionen, wieder an Boden gewinnen. Der Auf-
stieg des Rechts auf Wehrdienstverweigerung zum anerkannten
Menschenrecht (jedenfalls auf europäischer Ebene) wurde hier
als eine lineare Fortschrittsgeschichte erzählt. – Doch hängt der
normative Appeal dieser so sympathischen Emanation einer an individueller Selbstbestimmung orientierten Ordnung vielleicht
nicht doch an Voraussetzungen einer allseitigen Friedfertigkeit,
die auf einmal gar nicht mehr so selbstverständlich sind? Es
ist nicht auszuschließen, dass die Zumutung des klassischen
Nationalstaates, sein eigenes Leben für das Überleben der Gemeinschaft aufs Spiel zu setzen, wieder an normativer Kraft ge-
winnt und das individuelle Ausscheren aus dieser Zumutung exis-
tenzieller Solidarität mit zunehmendem Misstrauen bedacht wird,
was dann zu einer zunehmend restriktiven Handhabung des
Rechts auf Wehrdienstverweigerung führen dürfte. Zugegeben,
wir bewegen uns hier in das Reich der Spekulation – doch sollte
zumindest angedeutet werden, dass ein umfassendes Recht auf
Wehrdienstverweigerung nicht so selbstverständlich ist wie es uns
im Europa der letzten Jahrzehnte vorgekommen sein mag.

Literatur

Asheri-Shahaf, Shlomit. 2016. Patriotic Conscientious Objection to Military Service. *Res Publica* 22 (2): 155–172.

Bernsdorff, Norbert. 2024. Artikel 10: Gedanken-, Gewissens- und Religionsfreiheit, In *Charta der Grundrechte der Europäischen Union*, hrsg. von Jürgen Meyer und Sven Hölscheidt, 306–316. 6. Aufl. Baden-Baden: Nomos.

Çaltekin, Demet Aslı. 2022. *Conscientious Objection in Turkey. A Socio-legal Analysis of the Right to Refuse Military Service*. Edinburgh: Edinburgh University Press.

Çinar, Özgür Heval. 2013. *Conscientious Objection to Military Service in International Human Rights Law*. Basingstoke: Palgrave Macmillan.

Cortright, David. 2009. *Peace: A History of Movements and Ideas*. Cambridge: Cambridge University Press.

Decker, D. Christopher und Lucia Fresa. 2001. The Status of Conscientious Objection under Article 4 of the European Convention on Human Rights. *New York University Journal of International Law and Politics* 33 (2): 379–418.

Doehring, Karl. 1981. Kriegsdienstverweigerung als Menschenrecht? In *Staatsrecht – Völkerrecht – Europarecht,* hrsg. von Ingo von Münch, 45–56. Berlin: De Gruyter.

Gornig, Gilbert. 2018. Artikel 12a. In *Grundgesetz-Kommentar Bd. 1,* hrsg. von Hermann Mangoldt, Friedrich Klein und Christian Starck, 1248–1297. 7. Aufl. München: C. H. Beck.

Herzog, Roman. 1987. Krieg, Kriegsdienst, Kriegsdienstverweigerung, II: Die rechtliche Regelung der Kriegsdienstverweigerung. In *Evangelisches Staatslexikon, Bd. I,* hrsg. von Roman Herzog, Hermann Kunst, Klaus Schlaich und Wilhelm Schneemelcher, Sp. 1879–1883. 3. Aufl. Stuttgart: Kreuz-Verlag.

Huber, Wolfgang. 1987. Krieg, Kriegsdienst, Kriegsdienstverweigerung. In *Evangelisches Staatslexikon, Bd. I,* hrsg. von Roman Herzog, Hermann Kunst, Klaus Schlaich und Wilhelm Schneemelcher, Sp. 1871–1879. 3. Aufl. Stuttgart: Kreuz-Verlag.

Kessler, Jeremy K. 2013. The Invention of a Human Right: Conscientious Objection at the United Nations. 1947–2011. *Columbia Human Rights Law Review* 44 (3): 753–792.

Lippman, Matthew. 1990. The Recognition of Conscientious Objection to Military Service as an International Human Right. *California Western International Law Journal* 21(1): 31–66.

Marcus, Emily N. 1998. Conscientious Objection as an Emerging Human Right. *Virginia Journal of International Law* 38 (3): 507–546.

Maroń, Grzegorz. 2024. The Right to Conscientious Objection as a Constitutional Category: Selected Issues. A Comparative Study of Fundamental Laws and Constitutional Courts' Jurisprudence. *Przegląd Prawa Konstytucyjnego* 78 (2): 163–183.

O'Halloran, Kerry. 2022. *Conscientious Objection: Dissent and Democracy in a Common Law Context*. Cham: Springer.

Pikart, Eberhard und Wolfram Werner (Hrsg.). 1993. *Der Parlamentarische Rat 1948–1949. Bd. 5: Ausschuß für Grundsatzfragen*. München: De Gruyter Oldenbourg.

Rorive, Isabelle und Ana Maria Corrêa. 2020. Religious Conscientious Objection: A Troubled Path. In *Constitutions and Religion*, hrsg. von Susanna Mancini, 370–382. Cheltenham: Edward Elgar.

Roskoshnyi, Illia. 2024. The Right to Conscientious Objection under Martial Law in Ukraine. https://ssrn.com/abstract=4554325. Zugegriffen: 10. Januar 2025.

Starck, Christian. 2018. Artikel 4. In *Grundgesetz-Kommentar Bd. 1*, hrsg. von Hermann Mangoldt, Friedrich Klein und Christian Starck, 475–546. 7. Aufl. München: C. H. Beck.

Stenvall, Jakob. 2023. Mogilisatsiya – The Rights and Refugee Status Eligibility of Russian Absolute and Selective Conscientious Objectors during the War in Ukraine. https://www.doria.fi/handle/10024/188346. Zugegriffen: 10. Januar 2025.

Takemura, Hitomi. 2009. *International Human Right to Conscientious Objection to Military Service and Individual Duties to Disobey Manifestly Illegal Orders*. Berlin: Springer.

Toomey, Leigh. 2019. The Right to Conscientious Objection to Military Service: recent Jurisprudence of the United Nations Working Group on Arbitrary Detention. *Human Rights Law Review* 19 (4): 787–810.

Yiannaros, Andreas C. 2016. From Grandrath to Bayatyan: The Development of European Jurisprudence on Conscientious Objection to Military Service. *Inter-American & European Human Rights Journal* 9 (2): 428–455.

Yildirim, Mine. 2010. Conscientious Objection to Military Service: International Human Rights Law and the Case of Turkey. *Religion and Human Rights* 5 (1): 65–91.

Schutzmauer oder Einfallstor? Militärsoziologische Befunde zum Zusammenhang von Wehrpflicht und Rechtsextremismus in der Bundeswehr

Markus Steinbrecher, Heiko Biehl und Nina Leonhard

1 Zum Zusammenhang von Wehrform und Rechtsextremismus

Seit dem Beginn des Ukrainekrieges, der vom damaligen Bundeskanzler Olaf Scholz proklamierten „Zeitenwende" (Scholz 2022, 2023) und der Abwendung der USA von ihren NATO-Verbündeten unter Präsident Donald Trump ist die Reaktivierung der Wehrpflicht oder gar die Einführung einer allgemeinen Dienstpflicht regelmäßiger und prominenter Teil der deutschen Debatten zur Außen-, Sicherheits- und Verteidigungspolitik. Die derzeitige Dis-

M. Steinbrecher (✉) · H. Biehl · N. Leonhard
Zentrum für Militärgeschichte und Sozialwissenschaften
der Bundeswehr (ZMSBw), Potsdam, Deutschland
E-Mail: markussteinbrecher@bundeswehr.org;
heikobiehl@bundeswehr.org; ninaleonhard@bundeswehr.org

© Der/die Autor(en), exklusiv lizenziert an Springer Fachmedien Wiesbaden GmbH, ein Teil von Springer Nature 2025
I.-J. Werkner (Hrsg.), *Debatten um die Wehrpflicht*, Gerechter Frieden, https://doi.org/10.1007/978-3-658-48599-3_8

kussion um die Rückkehr zur Wehrpflicht wird vor allem mit
sicherheits- und verteidigungspolitischen Argumenten geführt
(z. B. Rheinische Post 2025). Es brauche die Wehrpflicht, um eine
ausreichende Zahl von aktiven Soldatinnen und Soldaten sowie an
Reserven zu gewinnen, um eine glaubhafte Abschreckung zu ermöglichen und um dem Verteidigungsauftrag des Grundgesetzes
für Deutschland und seine Verbündeten gerecht zu werden. Neben
diesem unmittelbaren militärischen Nutzen sind mit der Wehrpflicht weitere Erwartungen verbunden. So heißt es immer wieder,
nur die Wehrpflicht garantiere den engen Austausch der Streitkräfte mit der Bevölkerung und ihre Integration in die deutsche
Gesellschaft (vgl. BMVg 2018, Nr. 401; Franke 2023; Werkner
2023). Da bei einer Wehrpflicht junge Männer (und gegebenenfalls
auch junge Frauen) aus allen sozialen Gruppen rekrutiert würden,
gerate die Bundeswehr (wieder mehr und mehr) zu einem Spiegelbild der Gesellschaft. Die Präsenz der gesellschaftlichen Pluralität
in den Streitkräften sei der beste Schutz gegen Abschottungs- und
Radikalisierungstendenzen, denen Freiwilligenarmeen unterliegen
könnten. Angesichts zunehmender gesellschaftlicher Polarisierun-
gen und politischer Radikalisierungen (vgl. Decker et al. 2024;
Zick et al. 2023), die sich unter anderem im größeren Zuspruch für
Parteien an den beiden Enden des politischen Spektrums wie bei
der Bundestagswahl 2025 widerspiegeln, drängt sich demgegenüber die Frage auf, ob mit der Wehrpflicht diese Tendenzen nicht
auch in die Bundeswehr hineingetragen würden. Demnach ermöglichte die Wehrpflicht – auch oder insbesondere – Personen den
Zugang zu den Streitkräften, denen es an demokratischer Zuverlässigkeit mangelte oder die gar explizit extremistischen Positionen anhingen. Für beide Auffassungen gibt es mithin plausible
Argumente, was die Frage aufwirft, ob die Wehrpflicht extremistischen Einflüssen oder Entwicklungen in Armeen entgegenwirkt
oder ob sie diese eher befördert. Der Beitrag geht dieser Frage
nach, indem er im nächsten Abschnitt die beiden skizzierten Positionen in die militärsoziologische Forschung einordnet. In der Literatur finden sich Erklärungen für Selektions- und Sozialisations-
effekte, aus denen sich unterschiedliche Erwartungen über den
Wirkungszusammenhang von Wehrpflicht und Radikalisierungs-
erscheinungen in Armeen ableiten lassen. Der dritte Abschnitt

widmet sich den empirischen Befunden. Eine aktuelle und umfassende Studie zum Einfluss der Wehrform auf den politischen Extremismus von Streitkräften liegt bislang nicht vor; aus den vorhandenen Untersuchungen zu politischen Einstellungen von Soldatinnen und Soldaten sowie von offiziellen Daten zu extremistischen Verdachtsfällen lassen sich jedoch gewisse Muster und Zusammenhänge erkennen. Grundlage für die Darlegungen sind die Berichte der Koordinierungsstelle für Extremismusverdachtsfälle (KfE), zuletzt von 2024 (vgl. BMVg 2024b), wie auch ältere sozialwissenschaftliche Untersuchungen aus den 1990er und 2000er Jahren (vgl. Gareis et al. 2001; Kohr 1993). Auf Basis der empirischen Befunde diskutiert der Artikel abschließend bereits vorhandene Maßnahmen sowie mögliche zusätzliche Schritte zur Abwehr von politischem Extremismus in der Bundeswehr vor dem Hintergrund einer möglichen Reaktivierung der Wehrpflicht.[1]

2   Wehrform und politischer Extremismus in den Streitkräften – der militärsoziologische Forschungsstand

Hinsichtlich der Erklärungen für extremistische Einstellungen unter Soldatinnen und Soldaten konkurrieren in der militärbezogenen Forschung zwei Hypothesen miteinander: Die *Selektionshypothese* geht davon aus, dass Personen bereits radikalisiert zur Bundeswehr kommen. Demnach wäre der Extremismus in der Bundeswehr aus der Zivilgesellschaft importiert, käme also von außen. Die *Sozialisationshypothese* nimmt demgegenüber an, dass sich Angehörige der Bundeswehr nach und nach radikalisieren. Extremismus wäre dann das Ergebnis des Dienstes in den Streitkräften und damit quasi „hausgemacht".

Ungeachtet der hohen Relevanz der Thematik gibt es nur eine geringe Zahl an sozialempirischen Untersuchungen zum politischen Extremismus und zum Ausmaß und den Ursachen extremistischer Einstellungen oder Verhaltensweisen in der Bundeswehr.

---

[1] Die nachstehenden Ausführungen basieren zum Teil auf Steinbrecher et al. (2024, 2025a, 2025b).

Die unbefriedigende Forschungslage ist darauf zurückzuführen, dass das Bundesministerium der Verteidigung (BMVg) den Zugang zur Truppe kontrolliert und lange Zeit kein Interesse daran hatte, dem Ausmaß extremistischer Haltungen und Handlungen sowie deren Ursachen systematisch nachzugehen.

Zur Selektionshypothese gibt es zwei ältere Studien auf Basis von Daten aus den 1990er und 2000er Jahren (vgl. Gareis et al. 2001; Kohr 1993), die nachweisen, dass Jugendliche mit rechten politischen Einstellungen verstärkt Wehrdienst leisten wollen, während junge Männer mit linken Orientierungen eher zum Zivildienst neigen. Die Zusammenhänge mit ideologischer Orientierung zeigen sich sowohl auf der Einstellungs- als auch auf der Verhaltensebene: Je weiter rechts sich junge Menschen einstuften, desto positiver bewerteten sie die Bundeswehr und den Wehrdienst (vgl. Gareis et al. 2001, S. 47 ff.; Kohr 1993). Zudem sprachen sich junge Menschen mit rechter Orientierung stärker für eine Beibehaltung der Wehrpflicht aus (vgl. Kohr 1993). Bei Gareis und Kollegen (2001) zeigte sich ebenfalls ein Zusammenhang zwischen rechten Einstellungen und einem stärkeren Interesse, zur Bundeswehr zu gehen. Die genannten Zusammenhänge waren besonders ausgeprägt unter jungen Männern bis 25 Jahren; bei jungen Frauen in derselben Altersgruppe gab es sie dagegen nicht (vgl. Gareis et al. 2001, S. 47 ff.). Aus methodischer Sicht ist jedoch kritisch anzumerken, dass beide Studien nicht über die Betrachtung bivariater Korrelationen hinausgehen und die festgestellten Effekte nicht in größeren empirischen Modellen mit Hilfe weiterer soziodemografischer Merkmale und politischer Einstellungen kontrollieren. Es ist also möglich, dass der Einfluss ideologischer Orientierungen auf Bewertungen der Bundeswehr und des Wehrdienstes sowie auf die Verpflichtungsbereitschaft in diesen Studien überschätzt wird. Nichtsdestotrotz identifizieren beide Studien unter den Bedingungen einer Wehrpflichtarmee (Selbst-)Selektionseffekte auf Basis politischer Orientierungen. Demnach tragen vor allem Wehrpflichtige rechtes Gedankengut in die Streitkräfte hinein. Rechtsextremistische Haltungen und Vorfälle in den Streitkräften seien folglich zuvorderst Ergebnis gesellschaftlicher Entwicklungen (vgl. Gareis et al. 2001; Kohr 1993).

Die von Kohr (1993) und Gareis et al. (2001) nachgewiesenen Selektionseffekte beziehen sich explizit auf die Bundeswehr als Wehrpflichtarmee. Eine Studie zu den aufgezeigten Zusammenhängen seit Übergang der Bundeswehr zur Freiwilligenarmee liegt noch nicht vor (vgl. allerdings Steinbrecher et al. 2025a, 2025b). Gleichwohl ist davon auszugehen, dass (Selbst-)Selektionseffekte sowohl in Wehrpflicht- als auch in Freiwilligenarmeen auftreten.

Die Zahl der Studien, die der Frage nachgehen, ob sich Angehörige von Streitkräften im Laufe ihres Dienstes radikalisieren, ist ebenfalls sehr begrenzt. Dennoch wird häufiger die Annahme vertreten, Freiwilligenarmeen seien für Radikalisierungsprozesse anfälliger, da sie weder einen intensiven Austausch mit der Zivilgesellschaft noch eine solch hohe Personalrotation wie Wehrpflichtarmeen hätten. Vielmehr versammelten sich dort überproportional Personen, die starke Persönlichkeiten bevorzugten, sich mit sozialem Pluralismus, kultureller Diversität, politischer Streitlust, Minderheitenrechten und dem Aushandeln von Kompromissen zwischen verschiedenen Interessen schwertäten und in den Streitkräften auf Gleichgesinnte träfen (vgl. Cortright 1975; hinsichtlich der Bewerberinnen und Bewerber bei der Bundeswehr vgl. Elbe 2023). Unterstützt durch die auf Hierarchie, Befehl und Gehorsam ausgerichtete militärische Organisationstruktur, verstärkten und radikalisierten sich diese Haltungen. Als Beleg für diese Sichtweise werden nicht zuletzt die auch in der Bundeswehr auftretenden Skandale mit – vorwiegend – rechtsextremem Hintergrund angeführt; zuweilen findet sich sogar ein Generalverdacht, der sich gegen die demokratische Zuverlässigkeit von Soldatinnen und Soldaten oder der Streitkräfte insgesamt richtet (vgl. Laabs 2021; Meisner und Kleffner 2019).

Die verfügbare Studienlage bestätigt solche Vermutungen jedoch nicht. Eine ältere Untersuchung zeigt vielmehr, dass der Wehrdienst nicht zur Ausprägung autoritärer Haltungen führt, sondern vielmehr demokratische Orientierungen und Überzeugungen stärkt (vgl. Hegner et al. 1983). Eine neuere Analyse legt dar, dass sowohl ehemalige als auch aktive Soldatinnen und Soldaten politisch engagierter sind und ein höheres politisches Interesse sowie politisches Kompetenzbewusstsein aufweisen als

Personen ohne Erfahrung in der Bundeswehr (vgl. Steinbrecher 2019). Über die inhaltliche Ausrichtung dieses Engagements sagen die Analysen jedoch nichts aus.

Schlussfolgerungen darüber, ob Radikalisierungsprozesse während des Dienstes in Wehrpflichtarmeen häufiger oder seltener als in Freiwilligenarmeen auftreten, lässt die Studienlage folglich nicht zu. Deswegen erscheint es angebracht, die vorliegenden Kenntnisse des BMVg über extremistische Vorkommnisse beziehungsweise Verdachtsfälle zu rekapitulieren, um auf dieser Basis zu erörtern, welchen Einfluss die Rekrutierungsform auf die Wahrscheinlichkeit (rechts)extremistischer Vorkommnisse in der Bundeswehr hat. Dazu ist es auch notwendig, sich den normativen Rahmen zu verdeutlichen, innerhalb dessen Soldatinnen und Soldaten bei der Bundeswehr Dienst tun.

3   Bundeswehr und politischer Extremismus

Die Bundeswehr ist als bewaffnetes Staatsorgan für den Schutz und die Verteidigung des demokratischen Gemeinwesens der Bundesrepublik Deutschland verantwortlich. Damit ist unvereinbar, dass deren Angehörige politische Positionen vertreten oder sich an Handlungen beteiligen, die sich gegen die politische Ordnung richten, die sie verteidigen sollen. Die normativen und gesetzlichen Vorgaben zum Verhältnis von Bundeswehr und politischem Extremismus sind eindeutig:

> „In der Bundeswehr werden keine Personen, von denen extremistische Bestrebungen und Verhaltensweisen ausgehen, die extremistischen Personenzusammenschlüssen angehören oder die solche Personenzusammenschlüsse unterstützen, geduldet. (…) Bereits dem Anschein extremistischer Tendenzen ist entschieden entgegen zu wirken" (BMVg 2024a, Nr. 102).

Extremismus wird auf Basis des Paragrafen 4 des Bundesverfassungsschutzgesetzes (BVerfSchG) und der Rechtsprechung des Bundesverfassungsgerichts als Ablehnung der freiheitlichen demokratischen Grundordnung (FDGO) der Bundesrepublik Deutschland definiert (vgl. BMVg 2024a, Nr. 112 f.). Für alle Angehörigen der Bundeswehr gilt die Pflicht zur Verfassungstreue und zum aktiven Eintreten für die FDGO. Die Bundeswehr verfügt zum Thema Extremismus über eine Vielzahl an Vorschriften und Grundlagendokumenten (z. B. das Soldatengesetz, die zitierte Vorschrift zur Extremismusbekämpfung, aber auch andere Regelungen aus dem Bereich Innere Führung), vielfältige Maßnahmen (z. B. die Soldateneinstellungsüberprüfung, Sicherheitsüberprüfungen oder Disziplinarmaßnahmen bis hin zur Entlassung) und Materialien für die Sensibilisierung, Schulung und Information (z. B. für die Politische Bildung über das Portal Innere Führung, durch das Bundesamt für den Militärischen Abschirmdienst oder das Zentrum Innere Führung). Hinzu kommen Meldesysteme (z. B. zur Inneren und Sozialen Lage), Antworten auf parlamentarische Anfragen (z. B. Deutscher Bundestag 2024) und empirische Studien wie die jüngst veröffentlichte Studie „Armee in der Demokratie" (Steinbrecher et al. 2025b).

Zentral sind offizielle Berichte, wie diejenigen der KfE, die seit 2020 jährlich erscheinen. Diese Berichte dokumentieren den Umfang der extremistischen Verdachtsfälle in der Bundeswehr ab dem Jahr 2019, zu denen das Bundesamt für den Militärischen Abschirmdienst (BAMAD) ermittelt. Zu den Verdachtsfällen zählen ganz unterschiedliche Vergehen. Die Bandbreite reicht von schweren Straftaten wie im Fall des rechtskräftig verurteilten Offiziers Franco A. über das Hören rechtsextremistischer Musik in Kasernen und den Besitz von Propagandamaterial bis hin zu extremistischen Äußerungen in Chats oder sozialen Medien, die das Gros der Verdachtsfälle ausmachen (vgl. Deutscher Bundestag 2024; Gareis et al. 2001, S. 19 ft.).

Die KfE-Berichte stellen die zuverlässigste Quelle zur Häufigkeit und Verteilung des politischen Extremismus in der Bundeswehr dar, weil sie auf erfolgten Meldungen und durchgeführten Maßnahmen basieren.[2] Diese Datenquelle bietet zugleich einen guten Überblick über Muster und Zusammenhänge zwischen ver-

---

[2] Es ist aber durchaus plausibel, dass nicht alle Vorfälle von Extremismus gemeldet werden und das Ausmaß extremistischer Vorkommnisse durch die Berichte möglicherweise unterschätzt wird. Weitere Ausführungen und Überlegungen zur Zuverlässigkeit und Gültigkeit der Meldungen finden sich bei Steinbrecher et al. (2025b).

Tab. 1 Extremismusverdachtsfälle in der Bundeswehr nach Phänomenbereichen 2019 bis 2023

Phänomenbereich	2019	2020	2021	2022	2023
Neue Fälle	482	574	688	241	307
Fälle insgesamt	743	1016	1452	962	1049
davon, in Prozent:					
Rechtsextremismus	79,7	83,0	85,5	80,4	74,0
Reichsbürger	4,6	5,2	6,3	5,7	5,9
VDS*	-	-	-	7,0	7,7
Linksextremismus	1,5	1,6	1,6	1,6	2,1
Islamismus	9,3	7,7	5,5	4,0	4,9
Ausländerextremismus	5,0	2,6	1,0	1,5	5,3
Scientology	0,0	0,0	0,0	0,0	0,1

Quelle: BMVg (2020, 2021, 2022, 2023, 2024b). Angegeben sind absolute Fallzahlen (obere zwei Zeilen) und Anteilswerte (in Prozent; übrige Zeilen).
* Verfassungsschutzrelevante Delegitimierung des Staates

schiedenen Gruppenzugehörigkeiten und Extremismus(verdacht) unter den Bedingungen der gegenwärtigen Freiwilligenarmee.

Was die Gesamtzahl der Extremismusverdachtsfälle angeht, zeigte sich von 2019 bis 2021 ein deutlicher Anstieg (vgl. Tab. 1). Die Zahl der insgesamt bearbeiteten Fälle hat sich von 743 auf 1452 fast verdoppelt. In den Jahren 2022 und 2023 wurden jeweils etwa 1000 Fälle durch das BAMAD bearbeitet. Ob dieser Entwicklung ein tatsächlicher Anstieg extremistischer Vorfälle in der Bundeswehr, eine geänderte, höhere Meldebereitschaft (vgl. z. B. Der Spiegel 2022) oder andere Faktoren zugrunde liegen, lässt sich anhand der in den KfE-Berichten genannten Zahlen nicht klären. Es fällt aber auf, dass der Anstieg der neu gemeldeten Fälle nicht proportional zum Anstieg der Gesamtfälle erfolgte. Die Zahl der neu aufgenommenen Fälle erhöhte sich von 2019 bis 2021 um 42 %. 2022 und 2023 war die Zahl der neuen Fälle jeweils weniger als halb so hoch wie im Jahr 2021. Die Differenz zwischen den neuen Fällen und den Verdachtsfällen insgesamt zeigt, dass die Bearbeitung der meisten Fälle mehrere Jahre dauert. Genauere Informationen zur Bearbeitungsdauer bieten die KfE-Berichte jedoch nicht.

Ein Großteil der Fälle stammte in allen Jahren aus dem Phänomenbereich Rechtsextremismus. In den Jahren 2019 bis 2022 lag der Anteil der Fälle aus diesem Bereich zwischen 79,7 und 85,5 %. 2023 wurde der niedrigste Anteil erreicht, mit 74,0 % waren aber immer noch fast drei von vier Fällen rechtsextremistisch einzuordnen. Weitere relevante Phänomenbereiche mit Anteilswerten von mindestens 4,0 % über alle Jahre hinweg sind Reichsbürger- und Selbstverwalter, „Verfassungsschutzrelevante Delegitimierung des Staates" (VDS) und Islamismus. Während sich der Anteil der Verdachtsfälle aus dem Reichsbürger- und Selbstverwaltermilieu im gesamten Zeitraum in einem schmalen Band zwischen 4,6 und 6,3 % bewegte, zeigten sich für islamistische Verdachtsfälle stärkere Schwankungen. 2019 und 2020 waren mit 9,3 beziehungsweise 7,7 % die höchsten Werte zu verzeichnen. In den Jahren zwischen 2021 und 2023 fiel dieser Phänomenbereich mit Anteilen zwischen 4,0 und 5,5 % weniger ins Gewicht. VDS ist eine Kategorie, die im Zuge der Pandemie-Proteste von den Verfassungsschutzbehörden definiert wurde und daher erst seit 2022 separat ausgewiesen wird. 2022 und 2023 kam aus diesem Bereich jeweils der zweithöchste Anteil an Verdachtsfällen. Die Relevanz von Ausländer- beziehungsweise auslandsbezogenem Extremismus schwankte auf niedrigem Niveau zwischen den einzelnen Erhebungszeitpunkten. 2019 und 2023 waren mit Werten um die 5 % die höchsten Anteile zu verzeichnen. 2023 stand der genannte Anstieg laut KfE-Bericht besonders mit dem Ukrainekrieg in Verbindung (vgl. BMVg 2024b, S. 10).

Die Statistiken des BAMAD zeigen auch, welche Personengruppen bei den extremistischen Verdachtsfällen stärker oder schwächer vertreten sind: Die Tab. 2 und 3 enthalten die Anteile verschiedener Gruppen an den Extremismusverdachtsfällen in der Bundeswehr zwischen 2020 und 2023. Für 2019 liegen diese Daten nicht vor. Die KfE-Berichte liefern Ergebnisse für die Kategorien Statusgruppe militärisch/zivil, Teilstreitkraft/Organisationsbereich, Altersgruppe, Dienstgradgruppe, Statusgruppe militärisch und Laufbahngruppe zivil. Hinzu kommen noch Informationen über das Bundesland, in dem die hinter dem Verdachtsfall stehende Person wohnt und in dem sie Dienst tut. Die letzten beiden Merkmale sind tabellarisch nicht ausgewiesen, die

Tab. 2 Anteil verschiedener Gruppen an den Extremismusverdachtsfällen in der Bundeswehr 2020 bis 2023, Teil 1

Gruppe	2020	2021	2022	2023	Mittlerer Anteil am Personal
Statusgruppe (mil/ziv)					
Soldatinnen und Soldaten	92	92	91	89	69
Beamtinnen und Beamte	3	3	4	5	11
Arbeitnehmerinnen und -nehmer	5	5	5	6	20
Teilstreitkraft/ Organisationsbereich					
Heer	50	48	53	42	25
Luftwaffe	9	9	9	9	12
Marine	7	6	7	5	7
Streitkräftebasis	14	17	11	17	12
Sanitätsdienst	7	7	7	9	9
Cyber- und Informationsraum (CIR)	2	2	2	4	6
Verwaltung	6	6	9	12	25
Andere Bereiche	6	5	2	2	4
Altersgruppe					
unter 25 Jahre	21	19	15	13	17
25 bis 34 Jahre	47	44	43	39	33
35 bis 44 Jahre	18	21	24	26	22
45 bis 54 Jahre	10	11	12	14	15
55 bis 65 Jahre	4	5	6	8	13
über 65 Jahre	0	0	0	0	0

Quelle: BMVg (2021, 2022, 2023, 2024b). Angegeben sind Anteilswerte (in Prozent). Die Anteilswerte in den KfE-Berichten liegen nur gerundet vor. Mittlerer Anteil am Personal: Mittelwert über die Jahre 2020 bis 2023, Bezug Personalkörper Geschäftsbereich BMVg

wesentlichen Ergebnisse werden nur textlich wiedergegeben. Ob die jeweilige Gruppe unter den Verdachtsfällen über- oder unterrepräsentiert ist, ergibt sich im Vergleich zur letzten Spalte in beiden Tabellen, die den mittleren Anteil der Gruppe am Personalkörper zwischen 2020 und 2023 widerspiegelt.

Der Tab. 2 lässt sich entnehmen, dass 89 bis 92 % aller Verdachtsfälle auf die Soldatinnen und Soldaten entfielen. Damit

Tab. 3 Anteil verschiedener Gruppen an den Extremismusverdachtsfällen in der Bundeswehr 2020 bis 2023, Teil 2

Gruppe	2020	2021	2022	2023	Mittlerer Anteil am Personal
Dienstgradgruppe					
Mannschaften	42	42	42	37	28
Unteroffizierinnen und Unteroffiziere	42	42	44	46	51
Offizierinnen und Offiziere	16	16	14	17	22
Statusgruppe (mil)					
Freiwilligen Wehrdienst Leistende	5	6	5	4	5
Zeitsoldatinnen und Zeitsoldaten	77	76	75	74	65
Berufssoldatinnen und Berufssoldaten	18	18	20	22	31
Laufbahngruppe (ziv)					
Tarifbeschäftigte	62	60	55	55	65
Einfacher Dienst	0	0	0	0	0
Mittlerer Dienst	16	20	22	22	15
Gehobener Dienst	16	14	16	16	13
Höherer Dienst	6	6	7	7	7

Quelle: BMVg (2020, 2021, 2022, 2023, 2024b). Angegeben sind Anteilswerte (in Prozent). Die Anteilswerte in den KfE-Berichten liegen nur gerundet vor. Mittlerer Anteil am Personal: Mittelwert über die Jahre 2020 bis 2023, Bezug Personalkörper Geschäftsbereich BMVg militärisch: Dienstgradgruppe, Statusgruppe (mil); Bezug Personalkörper Geschäftsbereich BMVg zivil

waren diese, im Vergleich zu den Zivilangehörigen der Bundeswehr, deutlich überrepräsentiert. Bei der Kategorie Teilstreitkraft/ Organisationsbereich fallen besonders Angehörige des Heeres auf, da sie im Vergleich zu ihrem Anteil am Personalkörper wesentlich stärker unter den Verdachtsfällen vertreten sind. 2020 bis 2022 war der Anteil des Heeres an den Verdachtsfällen etwa doppelt so groß wie es aufgrund des Anteils am Personal zu erwarten gewesen wäre. 2023 sank der Anteil an den Verdachtsfällen auf 42 %, er war damit aber immer noch etwa 1,7-mal höher als der Anteil am Gesamtpersonalkörper. Unterrepräsentiert waren Angehörige der Luftwaffe, des Cyber- und Informationsraums sowie insbesondere aus der Bundeswehrverwaltung außerhalb der Teilstreitkräfte oder militärischer Organisationsbereiche. Blickt man auf die Altersgruppen, dann waren die 25- bis 34-Jährigen in allen Jahren stärker unter den Verdachtsfällen vertreten. Auffällig ist der Rückgang des Anteils der Altersgruppe unter 25 Jahren an den Fällen im Zeitverlauf: War diese Gruppe 2020 und 2021 noch überrepräsentiert, war sie 2022 und 2023 in geringerem Maße unter den Verdachtsfällen zu finden, als man auf Basis ihres Anteils am Gesamtpersonalkörper erwarten würde. Konsistent in geringerem Maße tauchen Personen ab 45 Jahren unter den Verdachtsfällen auf.

Wie Tab. 3 zeigt, waren unter den Dienstgradgruppen Mannschaften in allen Jahren unter den Verdachtsfällen deutlich überrepräsentiert, während Unteroffiziere und Offiziere geringere Anteile aufwiesen. Bei den militärischen Statusgruppen ergibt sich eine Überrepräsentation für Zeitsoldatinnen und -soldaten, während Freiwillig Wehrdienst Leistende und Berufssoldatinnen und -soldaten eine geringere Wahrscheinlichkeit aufweisen, unter den Verdachtsfällen vertreten zu sein. Bei den zivilen Laufbahngruppen zeigt sich eine leichte Überrepräsentation von Angehörigen des mittleren und gehobenen Dienstes. Bei den tabellarisch nicht ausgewiesenen geografischen Bezügen wird deutlich, dass Personen, die in Baden-Württemberg, Sachsen, Thüringen, Bayern und Mecklenburg-Vorpommern Dienst tun, bei den Verdachtsfällen systematisch überrepräsentiert waren. Blickt man auf den Wohnort, so waren besonders Personen mit Wohnsitz in Sachsen, Baden-Württemberg und Thüringen unter den Verdachtsfällen stärker vertreten. Dass Baden-Württemberg zweimal in der Liste auftaucht, ergibt sich wohl daraus, dass das Kommando Spezialkräfte (KSK) seinen Dienstsitz in Calw hat und sich in den Verdachtsfällen die langjährigen Ermittlungen nach den öffentlich bekannt gewordenen Vorfällen seit 2017 widerspiegeln.

Die Daten der KfE-Berichte zeigen für einige demografische Merkmale und Gruppen somit deutliche und über die Jahre konsistente Muster hinsichtlich der Überrepräsentation von Verdachtsfällen. Teilweise handelt es sich bei diesen Mustern um aus der Forschung zu extremistischen Einstellungen bekannte Zusammenhänge (etwa bei Alter, Bildung und geografischen Bezügen; vgl.

z. B. Arzheimer 2020; Jungkunz 2023; Neu und Pokorny 2018): In dieser Hinsicht ist also die Freiwilligenarmee Bundeswehr der 2020er Jahre tatsächlich ein Spiegelbild der Gesellschaft.

Blickt man auf vergleichbare Daten aus der Zeit der Bundeswehr als Wehrpflichtarmee aus den 1990er und den 2000er Jahren, ergeben sich teilweise identische Muster und Befunde. Gareis und Kollegen werteten für diesen Zeitraum die Meldezahlen über Besondere Vorkommnisse mit rechtsextremem Hintergrund aus (vgl. Gareis et al. 2001, S. 23 ff.). Während die Zahl dieser Vorkommnisse zwischen 1992 und 1996 im Bereich zwischen 46 und 64 variierte, ergab sich in den Jahren 1997 und 1998 ein massiver Anstieg auf 209 (1997) beziehungsweise 319 (1998). 1999 (135 Fälle) und 2000 (196 Fälle) lagen die Zahlen wieder unter den Höchstwerten der Jahre 1997 und 1998. Die Daten für das Jahr 2000 wurden in dem genannten Beitrag weitergehend analysiert und Zusammenhänge mit Teilstreitkraft, Status- und Dienstgradgruppe betrachtet. Hier zeigte sich, dass 69,4 % der Verdachtsfälle auf das Heer entfielen. Luftwaffe (26,0 %) und Marine (4,6 %) waren deutlich seltener vertreten. Auch wenn man berücksichtigt, dass der Großteil der Wehrdienstleistenden dem Heer angehörte, war dieses im Vergleich zu den anderen Teilstreitkräften dennoch unter den Verdachtsfällen überrepräsentiert (vgl. Gareis et al. 2001, S. 24f.). Bei 81,6 % der Delikte wurden Grundwehrdienstleistende (69,4 %) und Freiwillig Wehrdienst Leistende (12,2 %) verdächtigt. Soldaten auf Zeit waren bei 16,3 % der Verdachtsfälle involviert. Berufssoldaten oder Reservisten kamen quasi nicht vor. Diese Verteilung spiegelte sich bei den involvierten Dienstgradgruppen wider: 89,2 % der Verdachtsfälle standen in Verbindung mit Angehörigen der Mannschaftsdienstgrade. Bei 6,1 % waren Unteroffiziere ohne Portepee, bei 3,5 % Unteroffiziere mit Portepee und lediglich in 1,0 % der Fälle Offiziere involviert. Diese Zahlen lassen die Schlussfolgerung zu, „dass der bei weitem größte Teil der Vorkommnisse mit rechtsextremistischem Hintergrund auf den engen und personellen Austauschprozess, in dem die Bundeswehr mit der Gesellschaft steht, zurückzuführen ist" (Gareis et al. 2001, S. 30). Durch die Wehrpflicht wurden also rechtsextreme Einstellungen und Verhaltensweisen in den 1990er Jahren in besonderem Maße in die Streitkräfte hineingetragen. Angesichts vergleichbarer sozialstruktureller Muster, wie sie sich aus der oben präsentierten Auswertung aktueller Daten zu extremistischen Verdachtsfällen ergeben, ist davon auszugehen, dass ähnliche Mechanismen auch unter den gegenwärtigen Bedingungen einer Freiwilligenarmee wirken. In Anbetracht des deutlich größeren Personalkörpers von Wehrpflichtarmeen ist aber mit einer Erhöhung der Zahl der Verdachtsfälle zu rechnen, sollte Deutschland eine Wehrpflicht oder Dienstpflicht (wieder) einführen.

4   Maßnahmen gegen politischen Extremismus in der Bundeswehr

Die Bundeswehr hat bereits eine ganze Bandbreite von Maßnahmen gegen Extremismus in ihren Reihen ergriffen (vgl. BMVg 2024a). So soll die Überprüfung aller Bewerberinnen und Bewerber sowie die Soldateneinstellungsüberprüfung, die 2017 eingeführt wurden, verhindern, dass Personen mit extremistischem Hintergrund überhaupt in die Streitkräfte gelangen und militärisch geschult werden. Im Jahr 2023 wurden 94 Personen wegen Zweifeln an ihrer Verfassungstreue aus dem Bewerbungsprozess ausgeschlossen. Zudem stellte das BAMAD durch die Soldateneinstellungsüberprüfungen bei 34 Personen ein mögliches Sicherheitsrisiko fest. Darüber hinaus ist davon auszugehen, dass sich manche Interessierte wegen dieser Überprüfungen erst gar nicht bei der Bundeswehr bewerben, was dem beschriebenen Selektionseffekt ebenfalls entgegenwirkt. Das oben berichtete höhere Interesse von jungen Menschen mit rechten politischen Orientierungen an einer Tätigkeit bei der Bundeswehr muss also nicht zwingend zu einer Bewerbung oder gar einer Einstellung bei der Bundeswehr führen.

Zudem werden Vorgesetzte umfassend zum Umgang mit extremistischen Vorfällen geschult sowie durch die zuständigen Stellen wie das BAMAD oder die Rechtsberaterinnen und Rechtsberater der Bundeswehr unterstützt. Für alle Soldatinnen und Soldaten ist Extremismus regelmäßiger Inhalt der umfangreichen politischen, historischen und ethischen Bildung. Darüber hinaus verpflichtet die Führungskonzeption der Bundeswehr, die Innere Führung, die Soldatinnen und Soldaten auf das Primat der Politik und die enge Einbindung in die Zivilgesellschaft. Der Dienst in den Streitkräften ist daher mit einem elitären Professionsverständnis unvereinbar. Mit dem Traditionserlass von 2018 hat sich die Bundeswehr eindeutig von der Wehrmacht als nicht traditionswürdiger Institution abgegrenzt. Die Aufhebung der – zumindest uneindeutigen – Ergänzenden Hinweise zur Tradition[3] hat diese Distanzierung von der Wehrmacht erneut bekräftigt. Zudem enden die Maßnahmen zur Extremismusprävention nicht mit dem Ausscheiden aus dem Dienst: Auch ehemalige Soldatinnen und Soldaten sind zum aktiven Eintreten für die FDGO verpflichtet.[4]

Ungeachtet all dieser Anstrengungen ist nicht gänzlich zu verhindern, dass Extremistinnen und Extremisten in die Streitkräfte gelangen. Die Einführung einer Wehrpflicht würde – angesichts der oben dargelegten Rekrutierungseffekte – diese Problematik wohl verschärfen. So ist *erstens* zu berücksichtigen, dass die Zahl der Soldatinnen und Soldaten insgesamt steigt und sich alleine dadurch schon die Wahrscheinlichkeit erhöht, dass Personen mit extremistischen Ansichten in die Bundeswehr gelangen. *Zum zweiten* sind (Selbst-)Rekrutierungsmechanismen nicht auszuschließen. Extremistinnen und Extremisten könnten demnach überproportional den Weg in die Streitkräfte suchen. Solche Selbstselektionseffekte legen die militärsoziologischen Studien aus den 1990er und 2000er Jahren jedenfalls nahe. *Zum dritten* werden über die Wehrpflicht bislang vor allem junge Männer rekrutiert, häufig mit mittleren und niedrigen Bildungsabschlüssen. Diese Personengruppe besitzt, wie aus der Forschung bekannt, eine höhere Affinität zu rechtsextremen Einstellungen (vgl. u. a. Arzheimer 2020; Jungkunz 2023; Neu und Pokorny 2018) und ist

---

[3] https://augengeradeaus.net/wp-content/uploads/2024/07/Ergaenzende_Hinweise_Traditionserlass_12jul2024.pdf.

[4] Einen umfassenden Überblick zu den Maßnahmen der Bundeswehr gegen Extremismus bietet die Neufassung der Vorschrift Extremismusbekämpfung (BMVg 2024a). Im Verhältnis zur vorherigen Fassung der Vorschrift (BMVg 2019) erfolgte eine deutliche Ergänzung des Maßnahmen- und Unterstützungskatalogs.

laut den Statistiken der Bundeswehr stärker unter den Beteiligten
an Extremismusverdachtsfällen zu finden (vgl. u. a. BMVg 2024b;
Gareis et al. 2001). *Viertens* könnte ein rascher und massiver
personeller Aufwuchs infolge einer verschärften sicherheitspolitischen Lage die Kapazitäten für Sicherheitsüberprüfungen
erheblich belasten, womöglich sogar überlasten. Aber schon in
der Freiwilligenarmee besteht ein Zielkonflikt zwischen Personalgewinnung einerseits und umfassender wie gründlicher Prüfung
der Bewerberinnen und Bewerber andererseits. *Fünftens* steigt
mit einer zunehmenden Verbreitung extremistischer Einstellungen
und Wahlpräferenzen für extremistische Parteien in der Gesellschaft die Wahrscheinlichkeit, dass Extremistinnen und Extremisten den Weg in die Bundeswehr finden.

Aus dieser Sicht sollte die Bundeswehr folglich die vorhandenen Maßnahmen auf dem bestehenden Niveau aufrechter-
halten und weitere geeignete Schritte ergreifen, um zu verhindern,
dass – zumal bei Wiedereinführung einer allgemeinen Wehrpflicht – extremistische Vorfälle in ihren Reihen zunehmen: *Erstens* ist es weiterhin notwendig, den Soldatinnen und Soldaten
den Sinn und Zweck ihres Dienstes zu vermitteln, was in Zeiten
der Abschreckung und Verteidigung überzeugender gelingen
kann als in der Ära der Auslandseinsätze. Die Vermittlung des
politischen Zwecks etwa durch politische Bildung sollte zugleich
den Eindruck politischer Indoktrinierung vermeiden – eine zuge-
gebenermaßen nicht immer einfache Balance. Unter anderem bedeutet dies, kontroverse politische Themen offen anzusprechen
und zu diskutieren, anstatt diese zu tabuisieren. *Zweitens* gilt
es, extremistischen Vorfällen konsequent nachzugehen. Die Ergebnisse der Aufklärung sowie die eingeleiteten Schritte und
Maßnahmen sind zeitnah den betroffenen Truppenteilen zu
kommunizieren. Zudem ist die Öffentlichkeit zu informieren. Ein
transparenter und souveräner Umgang mit extremistischen Vor-
kommnissen und Daten zu extremistischen Haltungen und Handlungen seitens der Bundeswehr und des BMVg ist entscheidend,
um Generalverdächtigungen und dem Vorwurf vermeintlicher
Verdunkelungsabsichten zu begegnen und zugleich das Vertrauen
innerhalb der Streitkräfte nicht zu beschädigen.

Literatur

Arzheimer, Kai. 2020. Extremismus. In *Politikwissenschaftliche Einstellungs- und Verhaltensforschung. Handbuch für Wissenschaft und Studium*, hrsg. von Thorsten Faas, Oscar W. Gabriel und Jürgen Maier, 296–308. Baden-Baden: Nomos.

Bundesministerium der Verteidigung (BMVg). 2018. *Innere Führung. Selbstverständnis und Führungskultur.* Zentrale Dienstvorschrift A-2600/1, Version 2.1. Berlin: BMVg.

Bundesministerium der Verteidigung (BMVg). 2019. *Extremismus. Vorbeugung und Bekämpfung. Zentrale Dienstvorschrift A-2600/7.* Berlin: BMVg.

Bundesministerium der Verteidigung (BMVg). 2020. *Erster Bericht der Koordinierungsstelle für Extremismusverdachtsfälle zur Unterrichtung der Leitung des BMVg, des parlamentarischen Raums und der Öffentlichkeit.* Bonn: BMVg.

Bundesministerium der Verteidigung (BMVg). 2021. *Zweiter Bericht der Koordinierungsstelle für Extremismusverdachtsfälle zur Unterrichtung der Leitung des BMVg, des parlamentarischen Raums und der Öffentlichkeit.* Bonn: BMVg.

Bundesministerium der Verteidigung (BMVg). 2022. *Jahresbericht KfE 2021. BMVg R II 5 – Koordinierungsstelle für Extremismusverdachtsfälle.* Bonn: BMVg.

Bundesministerium der Verteidigung (BMVg). 2023. *Jahresbericht KfE 2022. BMVg R II 5 – Koordinierungsstelle für Extremismusverdachtsfälle.* Bonn: BMVg.

Bundesministerium der Verteidigung (BMVg). 2024a. *Extremismusbekämpfung. Allgemeine Regelung A-2600/7, Version 2.* Berlin: BMVg.

Bundesministerium der Verteidigung (BMVg). 2024b. *Jahresbericht KfE 2023. BMVg RO II 5 – Koordinierungssstelle für Extremismusverdachtsfälle.* Bonn: BMVg.

Cortright, David. 1975. Economic Conscription. *Society* 12 (May/June): 43–47.

Decker, Oliver, Johannes Kiess, Ayline Heller und Elmar Brähler (Hrsg.). 2024. *Vereint im Ressentiment. Autoritäre Dynamiken und rechtsextreme Einstellungen.* Leipziger Autoritarismus Studie 2024. Gießen: Psychosozial Verlag.

Der Spiegel. 2022. *Wehrbeauftragte fordert mehr Personal zur Bekämpfung des Rechtsextremismus.* https://www.spiegel.de/politik/deutschland/bundeswehr-wehrbeauftrag-te-eva-hoegl-spd-fordert-mehr-personal-zur-bekaempfung-des-rechtsextre-mismus-a-f9f7eddd-eb55-4879-8431-440d847aa3bb. Zugegriffen: 2. Oktober 2023.

Deutscher Bundestag. 2024. Antwort der Bundesregierung auf die Kleine Anfrage der Abgeordneten auf die Kleine Anfrage der Abgeordneten Martina Renner, Dr. André Hahn, Gökay Akbulut, weiterer Abgeordneter und der Gruppe Die Linke – Drucksache 20/13376. Rechtsextreme Vorfälle in der Bundeswehr 2023. Drucksache 20/14002. Berlin: Deutscher Bundestag.

Elbe, Martin. 2023. *Bewerberstudie 2022. Vom anfänglichen Interesse bis zur abgeschlossenen Bewerbung bei der Bundeswehr.* Potsdam: Zentrum für Militärgeschichte und Sozialwissenschaften der Bundeswehr.

Franke, Jürgen. 2023. Innere Führung. In *Militärsoziologie – Eine Einführung.* hrsg. von Nina Leonhard und Ines-Jacqueline Werkner, 515–552. 3. Aufl. Wiesbaden: Springer VS.

Gareis, Sven B., Peter-Michael Kozielski und Michael Kratschmar. 2001. *Rechtsextreme* Orientierungen in Deutschland und ihre Folgen für die Bundeswehr. Strausberg: Sozialwissenschaftliches Institut der Bundeswehr.

Hegner, Karl, Ekkehard Lippert und Roland Wakenhut. 1983. *Selektion oder Sozialisation. Zur Entwicklung des politischen und moralischen Bewußtseins in der Bundeswehr.* München: Sozialwissenschaftliches Institut der Bundeswehr.

Jungkunz, Sebastian. 2023. *Politischer Extremismus. Struktur und Ursachen links- und rechtsextremer Einstellungen in Deutschland.* Cham: Springer VS.

Kohr, Heinz-Ulrich. 1993. *Rechts zur Bundeswehr, links zum Zivildienst? Orientierungsmuster von Heranwachsenden in den alten und neuen Bundesländern Ende 1992.* München: Sozialwissenschaftliches Institut der Bundeswehr.

Laabs, Dirk. 2021. *Staatsfeinde in Uniform. Wie militante Rechte unsere Institutionen unterwandern.* Berlin: Econ.

Meisner, Matthias und Heike Kleffner (Hrsg.). 2019. *Extreme Sicherheit. Rechtsradikale in Polizei, Verfassungsschutz, Bundeswehr und Justiz.* Freiburg i. Br.: Herder.

Neu, Viola und Sabine Pokorny. 2018. Extremistische Einstellungen und empirische Befunde. In *Extremismusforschung. Handbuch für Wissenschaft und Praxis,* hrsg. von Eckhard Jesse und Tom Mannewitz, 161–203. Baden-Baden: Nomos.

Rheinische Post. 2025. CSU fordert sofortigen Start von neuer Wehrpflicht. https://rp-online.de/politik/deutschland/bundeswehr-csu-fordert-start-von-neuer-wehrpflicht-in-2025_aid-124841599. Zugegriffen: 17. März 2025.

Scholz, Olaf. 2022. „*Wir werden uns nie abfinden mit Gewalt als Mittel der Politik*". https://www.zeit.de/politik/deutschland/2022-02/olaf-scholz-regierungserklaerung-ukraine-rede/komplettansicht. Zugegriffen: 7. August 2023.

Scholz, Olaf. 2023. The Global Zeitenwende. How to Avoid a New Cold War in a Multipolar Era. *Foreign Affairs* 102 (1): 22–38.

Steinbrecher, Markus. 2019. Die Schule der Nation für den Staatsbürger in Uniform? Der Einfluss militärischer Sozialisation auf politische Einstellungen und politisches Verhalten. In Deutschland. In *Identität – Identifikation – Ideologie. Analysen zu politischen Einstellungen und politischem Verhalten in Deutschland,* hrsg. von Markus Steinbrecher, Evelyn Bytzek und Ulrich Rosar, 1–55. Wiesbaden: Springer VS.

Steinbrecher, Markus, Heiko Biehl und Nina Leonhard. 2024. Extremismus in der Bundeswehr. *Aus Politik und Zeitgeschichte (APuZ)* 74 (47–48): 23–28.

Steinbrecher, Markus, Heiko Biehl und Nina Leonhard. 2025a. Politischer Extremismus in der Bundeswehr. Eine Analyse der Ergebnisse der Berichte der Koordinierungsstelle für Extremismusverdachtsfälle (KfE) 2019 bis 2023. In *Jahrbuch für Innere Führung 2025*, hrsg. von Uwe Hartmann, 251-266. Berlin: Miles.

Steinbrecher, Markus, Heiko Biehl und Nina Leonhard. 2025b. Armee in der Demokratie. *Ausmaß, Ursachen und Wirkungen von politischem Extremismus in der Bundeswehr.* Potsdam: Zentrum für Militärgeschichte und Sozialwissenschaften der Bundeswehr.

Werner, Ines-Jacqueline. 2023. Wehrsysteme. In *Militärsoziologie – Eine Einführung*, hrsg. von Nina Leonhard und Ines-Jacqueline Werner, 85–111. 3. Aufl. Wiesbaden: Springer VS.

Zick, Andreas, Beate Küpper und Nico Mokros (Hrsg.). 2023. *Die distanzierte Mitte. Rechtsextreme und demokratiegefährdende Einstellungen in Deutschland 2022/23*. Bonn: Dietz.

Freiheit – Verantwortung – Pflicht. Die Wehrpflicht aus protestantisch-ethischer Perspektive

Bernd Oberdorfer

1   Einleitung

Eigentlich könnte ich es mir leicht machen und mich auf den Absatz beschränken: Wer aus protestantisch-ethischer Perspektive die Vorhaltung und Anwendung von militärischen Mitteln zur Verteidigung bejaht, kann im Prinzip auch die Wehrpflicht bejahen. Die nähere Ausgestaltung gehört in die Ermessenssphäre der politischen Willensbildung. Mehr muss, kann und sollte die Theologie dazu nicht sagen. Ich erinnere mich in diesem Zusammenhang gern an einen Stuttgarter Pfarrer, der in den heftigen Kontroversen um „Stuttgart 21" einmal meinte, es sei dem lieben Gott grundsätzlich egal, ob die Bahngleise längs oder quer zum Tal geführt werden; das sei keine religiöse Frage, sondern raumplanerisch, ökologisch, ökonomisch etc. zu klären und politisch zu entscheiden. Das müsste doch dann, mutatis mutandis, auch für die Frage der Wehrpflicht gelten. Kirchen äußern sich ja gern zu allem und jedem; aber dazu könnten sie doch zur Abwechslung einmal schweigen und die Klärung den zuständigen Instanzen und Prozessen überlassen.

B. Oberdorfer (✉)
Universität Augsburg, Augsburg, Deutschland
E-Mail: bernd.oberdorfer@phil.uni-augsburg.de

© Der/die Autor(en), exklusiv lizenziert an Springer Fachmedien Wiesbaden GmbH, ein Teil von Springer Nature 2025
I.-J. Werkner (Hrsg.), *Debatten um die Wehrpflicht*, Gerechter Frieden, https://doi.org/10.1007/978-3-658-48599-3_9

Falsch wäre das nicht. Doch erstens ist es vielleicht nicht un-
nötig, über diese These ein paar zusätzlich erläuternde Worte zu
verlieren. Zweitens zeigen sich im Detail einige Aspekte, die auch
für eine theologisch-ethische Reflexion relevant sind. Und drittens sind die Kirchen ja selbst Teil der Zivilgesellschaft und dürfen sich in die ethisch-politischen Diskurse einbringen – nicht als
überlegene Oberschiedsrichter, sondern als eine Stimme unter
vielen (und wenn sie andere dazu ermutigen, sich in der Gesellschaft zu engagieren, sollten sie das vielleicht auch selber tun).
Deshalb will ich zunächst grundsätzlich die Frage der Legitimität
militärischer Verteidigung – und der Beteiligung der Bürgerinnen
und Bürger daran – im Rahmen der reformatorischen, spezifisch
lutherischen Konzeption verantworteter Gesellschaftsgestaltung
(der sogenannten Zwei-Reiche-Lehre) behandeln, ehe ich mich
im Lichte der aktuellen Diskussion der allgemeinen Wehrpflicht
als *einer* Option der konkreten organisatorischen Umsetzung militärischer Verteidigung zuwende.

2 Militärische Verteidigung als legitime Form christlicher Beteiligung an der Gestaltung der irdischen Welt – in lutherischer Perspektive

Gemäß der lutherischen Zwei-Reiche-Lehre ist die Aufrechterhaltung beziehungsweise Wiederherstellung relativ geordneter – und
in diesem Sinn friedlicher – sozialer Verhältnisse eine Aufgabe, die
teilhat am welterhaltenden Schöpferwirken Gottes. Klassisch betont die *Confessio Augustana* (CA 16), dass es Christenmenschen
erlaubt sei, „ohne Sünde" („one sunde", BSELK 2014, S. 110) an
der Gesellschaftsgestaltung mitzuwirken, konkret: Ämter zu übernehmen, Handel zu treiben, Prozesse zu führen, zu heiraten etc. –
und dazu gehört ausdrücklich das *iure bellare*. Da die Herstellung
gesicherter Lebensverhältnisse allen zugutekommt, kann es sogar
als Ausdruck gelebter Nächstenliebe (und insofern als Pflicht) gelten, sich daran aktiv zu beteiligen. Die Reformatoren grenzten sich
damit ausdrücklich von einem Verständnis ab, das die christliche
Existenz programmatisch außerhalb der weltlichen Gesellschaft in

eschatologischen Sondergemeinschaften verortete und die Beteiligung an der Erhaltung und Gestaltung des sozialen Zusammenlebens wegen der kontaminierenden Rückbindung an die vergehende Welt verbot. Sie wendeten sich aber umgekehrt auch gegen perfektionistische Vorstellungen, die den christlichen Auftrag darin erkannten, durch umfassende Reform die Gesellschaft unmittelbar in das Reich Gottes zu transformieren. Während der Heilszuspruch des Evangeliums – als die rettend-erlösende Form der Weltzuwendung Gottes – unbedingte und unverbrüchliche Herzensgewissheit vermittelt, geht es in der anderen, erhaltend-bewahrenden Form dieser Weltzuwendung – nur, aber immerhin – um die Sicherung *relativ* stabiler *äußerer* Lebensverhältnisse, die im Verhältnis zum definitiven Reich Gottes immer vorläufig bleiben; sie bilden – mit Dietrich Bonhoeffers berühmter Unterscheidung gesagt – ein „Vorletztes" gegenüber dem „Letzten" der Heilszueignung (vgl. Bonhoeffer 1992). *Beide* Formen der göttlichen Weltzuwendung vollziehen sich im Medium menschlichen Handelns und unter Zuschreibung spezifischer institutioneller Verantwortung, sind dabei aber charakteristisch unterschieden: Der Heilszuspruch durch die Kirche erfolgt dem Wesen göttlicher Liebe gemäß allein durch das verkündigte Wort ohne äußeren Druck, *sine vi humana, sed verbo* (vgl. CA 28; BSELK 2014, S. 195). Die der Obrigkeit – unter heutigen Bedingungen: der staatlichen Gewalt in ihrem rechtsstaatlichen Gefüge – übertragene Verantwortung für die Sicherung einer lebensförderlichen äußeren Ordnung kann hingegen die sanktionsbewehrte Androhung und den Einsatz von Gewalt einschließen, wenn es zum Schutz vor drohender und zur Eindämmung von bereits entfesselter Gewalt erforderlich ist. In dieser präzisen Funktionsbestimmung – die eine Begrenzung des Auftrages impliziert – gilt das auch für die Vorhaltung und den Einsatz bewaffneter Kräfte: Sie sind in militärischer Funktion legitim zur Verteidigung gegen Angriffe von außen und in polizeilicher Funktion zur Wiederherstellung der Ordnung bei einem Aufruhr von innen. Im Bauernkrieg schärfte Martin Luther diese Aufgabe geradezu als göttlichen Auftrag ein: Wenn die Obrigkeit die gewaltsamen Aufstände der Bauern militärisch bekämpft, führt sie dabei „Gottes Faust" (Luther 1526, S. 658; vgl. auch Oberdorfer 2019).

Für die konkrete Ausformung ihrer Gestaltungsaufgabe bei der Friedenssicherung schrieben die Wittenberger Reformatoren der Obrigkeit einen großen Ermessensspielraum zu. Was den Krieg betrifft, betonten sie den Vorrang des Friedens und erlaubten Kriege unter Rückgriff auf die Lehre vom gerechten Krieg nur im genannten Verteidigungsfall, sahen es dann aber als Pflicht der Obrigkeit, die Ordnung auch mit (Gegen-)Gewalt zu sichern beziehungsweise wiederherzustellen. Die Erfüllung dieser Aufgabe – und die Beteiligung daran – ist „ohne Sünde" (was die Möglichkeit nicht ausschließt, dass im Vollzug gesündigt wird!).

Luther räumte den Untertanen durchaus einen Gewissensvorbehalt in der Beurteilung ein, ob der von der Obrigkeit geführte Krieg ein „gerechter" ist. Wenn dies klar verneint werden kann, darf und muss der Christ seinem Gewissen folgen – durch Nichtbeteiligung (auch unter Hinnahme möglicher Straffolgen), nicht durch aktiven Widerstand. Wenn die Beurteilung aber nicht eindeutig ist, soll der Untertan der Obrigkeit einen Ermessensvorschuss geben und kann sich guten Gewissens beteiligen, da die Ermessensverantwortung bei der Obrigkeit liegt.

Während die Reformatoren in allgemeinem Sinn die militärische Verteidigung bejahten und die Beteiligung daran für legitim, ja unter Umständen für gefordert erklärten, kannten sie keine allgemeine Wehrpflicht. „Kriegsleute" bildeten einen eigenen Stand. Nur daraus erklärt sich, dass Luther (1526) der Frage, „ob Kriegsleute auch in seligem Stande sein können", eine eigene Schrift widmete. Es ging dabei um die Legitimation einer spezifischen Tätigkeit; eine individuelle Pflicht zum aktiven Militärdienst an der Waffe war damit nicht verbunden.

Eine prinzipielle Kriegsdienstverweigerung lehnten die Wittenberger Reformatoren allerdings ab. Sie erschien ihnen als Ausdruck jener prinzipiellen Weltabstinenz, die sie an den Täufern wahrgenommen hatten und ablehnten, weil sie darin ein „schwärmerisches" Überspringen der Realitäten und Handlungserfordernisse in der noch nicht erlösten Welt erblickten. Dies änderte sich erst nach dem Zweiten Weltkrieg. Seitdem anerkennt die evangelische Kirche das individuelle Recht auf Kriegsdienstverweigerung als ein mögliches Zeugnis des christlichen Glaubens *neben* dem Wehr- und Kriegsdienst an der Waffe. Neuere

Tendenzen, die evangelische Kirche als „Kirche des gerechten Friedens" ganz auf nicht-militärische Formen der Konfliktbearbeitung festzulegen und militärische Friedenssicherung prinzipiell zu delegitimieren – etwa in der badischen Landeskirche (vgl. Maaß et al. 2023) oder in der friedensethischen „Kundgebung" der EKD-Synode 2019 (vgl. EKD 2019) –, sind umstritten geblieben und haben angesichts aktueller Entwicklungen auch an Rückhalt verloren.

3   Rückkehr zur allgemeinen Wehrpflicht?

Die heutige Diskussion um eine allgemeine Wehrpflicht steht im Vergleich zum 16. Jahrhundert unter grundlegend veränderten strukturellen Parametern. Massiv gewandelt haben sich etwa die Konzepte politischer Macht; entstanden sind namentlich rechtsförmige Strukturen der Partizipation der Bürgerinnen und Bürger an der Legitimation und Ausübung politischer Herrschaft, die sich nicht mehr durch die schlichte Unterscheidung von anordnender „Obrigkeit" und gehorsamspflichtigen „Untertanen" beschreiben lassen. Auch ist das Zerstörungspotenzial moderner Waffensysteme im Vergleich zum Reformationszeitalter so exponentiell gewachsen, dass die Frage der Legitimität militärischer Einsätze und der Beteiligung daran sich in anderer Weise stellt als damals. Dennoch lassen sich einige zentrale Einsichten reformatorischer Sozialethik mit Erkenntnisgewinn auf die Frage anwenden.

Klar ist grundsätzlich: Es gibt keine Pflicht zur Wehrpflicht. Ein Staat *kann* unter (noch näher zu betrachtenden) Umständen eine Wehrpflicht einführen, *muss* es aber nicht. In (West-)Deutschland waren kontingent-kontextuelle Gründe dafür ausschlaggebend: Nach dem Zweiten Weltkrieg wurde im Zuge der Remilitarisierung die allgemeine Wehrpflicht (beschränkt auf Männer) unter anderem deshalb wieder eingeführt, weil das Militär bewusst in die Gesellschaft eingebunden werden sollte. Man wollte verhindern, dass das Militär sich erneut von der Gesellschaft isoliert und einen – potenziell illoyalen – Staat im Staate bildet. Für dieses integrative Konzept steht die programmatische Formel des Staatsbürgers in Uniform.

Die Aussetzung (nicht Abschaffung!) der Wehrpflicht wurde dann unter anderem mit der veränderten politischen Weltlage, die eine umfassende Wehrbereitschaft nicht mehr nötig zu machen schien, und der Wehrungerechtigkeit, die durch die faktisch selektive Einberufungspraxis entstand, begründet. Die Leistungsfähigkeit der Bundeswehr in den zu erwartenden konkreten Einsatzfällen schien durch eine Freiwilligenarmee besser gewährleistet.

Wenn heute diskutiert wird, die Aussetzung der allgemeinen Wehrpflicht wieder aufzuheben, geschieht das angesichts der gravierend veränderten sicherheitspolitischen Lage, konkret: der Wiederkehr militärischer Bedrohung, verbunden mit der Aufgabe, militärische Abwehrfähigkeit zu gewährleisten, um die territoriale Integrität und selbstbestimmte Gesellschaftsordnung gegebenenfalls auch militärisch verteidigen zu können. Dies könnte, so wird argumentiert, mit einer reinen Freiwilligenarmee nicht zu leisten sein. Ob das so ist – und ob eine allgemeine Wehrpflicht die bessere Alternative ist –, ist eine Ermessensfrage, die *politisch* zu entscheiden ist. Aus ethischer Sicht sind dabei aber einige allgemeine Erwägungen einzubringen.

Grundsätzlich darf ein Staat seinen Bürgerinnen und Bürgern ausnahmslos geltende Pflichten auferlegen, die in ihre selbstbestimmte Lebensplanung eingreifen, wie zum Beispiel die Schulpflicht, Impfpflicht, Steuerpflicht oder Meldepflicht. Es ist aber immer begründungsbedürftig, wenn dabei Grundrechte eingeschränkt werden. Die Schulpflicht etwa tangiert die Rechte der elterlichen Sorge, eine Impfpflicht das Recht auf körperliche Unversehrtheit; die Steuerpflicht steht in Spannung zum grundgesetzlich gewährleisteten Schutz des Eigentums, die Meldepflicht zum Recht auf freie Wahl des Aufenthaltsortes.

Diese Begründungsbedürftigkeit gilt in erhöhtem Maße für den Dienst an der Waffe, da dieser mit besonderen Herausforderungen verbunden ist, namentlich der Bereitschaft, unter Umständen zu töten und getötet zu werden. Darf der Staat alle Bürger – und Bürgerinnen (siehe unten) – einer bestimmten Altersgruppe standesübergreifend verpflichten, sich dafür ausbilden zu lassen? Wäre es nicht besser, diese – wohlgemerkt: legitime, „ohne Sünde" zu übernehmende – Aufgabe Freiwilligen anzuvertrauen?

Wenn die politische Willensbildung zum Ergebnis kommt, dass die Wiederaufnahme der allgemeinen Wehrpflicht unter den gegebenen Umständen zur Gewährleistung der Verteidigungsfähigkeit besser geeignet ist als die Vorhaltung einer reinen Freiwilligenarmee, dann muss bei der Ausgestaltung der Wehrpflicht der spezifische Charakter der Aufgabe berücksichtigt werden. Daraus folgt unter anderem:

a) Ein prinzipieller Gewissensvorbehalt – also das Recht auf Verweigerung des Dienstes an der Waffe – muss respektiert und institutionell garantiert werden. Menschen, die sich darauf berufen, darf dies nicht zum Nachteil gereichen.

b) Die Praxis der Wehrpflicht muss gerecht sein. Das heißt, sie muss alle Bürger der betreffenden Altersgruppe gleich erfassen beziehungsweise ungleiche Behandlung begründen. Das betrifft unter anderem

   • die Frage der Wehr- und Einberufungsgerechtigkeit sowie besonders

   • die Frage, ob auch Frauen der Wehrpflicht unterliegen sollen. Die Beschränkung des Wehrdiensts auf Männer ist unter heutigen Bedingungen kaum mehr zu rechtfertigen. Sie gründet auf Geschlechterrollenzuschreibungen – der Mann ist für die Außenwelt zuständig, die Frau für die Innenwelt von Haus und Familie – oder gar Wesensunterscheidungen zwischen Mann und Frau, die heute kaum mehr plausibel sind, ja wegen ihrer exkludierenden Effekte geradezu als diskriminierend erscheinen. Angesichts dessen ist das Argument der Gerechtigkeit durchschlagend, das eine Ungleichbehandlung auch im Blick auf den Militärdienst verbietet.

c) Der Eingriff in die Lebensplanung muss verhältnismäßig, das heißt in Dauer und Durchführung so gestaltet sein, dass er die Selbstbestimmung der Einberufenen möglichst wenig (und mit nachvollziehbarer Begründung) einschränkt. Das gilt für die Gestaltung des Wehrdienstes selbst ebenso wie für die des alternativen Zivildienstes.

Zu klären ist freilich, ob die bisherige Lösung, den Wehrdienst als Regel und die Kriegsdienstverweigerung als allein gewissensbasierte individuelle Ausnahme zu behandeln, ethisch weiterhin überzeugend ist. Sie war de facto im allgemeinen Bewusstsein ohnehin schon lange im Sinne einer freien Auswahlalternative (um-)gedeutet worden. Angesichts dessen spricht vieles dafür, von einer allgemeinen Pflicht zur Unterstützung der gesellschaftlichen Ordnung unter Einschluss der Beteiligung an der Vorbereitung für Notfälle auszugehen und daraus ein Spektrum unterschiedlicher sozialer Dienste abzuleiten, von denen der Wehrdienst nur einer ist. Der Staat müsste zwar nicht, könnte aber einen verpflichtenden allgemeinen Sozialdienst für Menschen einer bestimmten Altersgruppe einführen. Mit einer solchen allgemeinen Dienstpflicht würde auch die Frage unterlaufen, ob der Staat nicht auch einen nicht-prinzipiellen Vorbehalt gegen den Dienst an der Waffe akzeptieren müsste, das heißt eine Position, die nicht unter Berufung auf das individuelle Gewissen prinzipiell pazifistisch argumentiert, aber die Beteiligung an militärischer Verteidigung und an deren Vorbereitung in einer bestimmten politischen Konstellation ablehnt. Eine Gewissensprüfung wäre dann nämlich nicht mehr notwendig, da ein solcher allgemeiner Sozialdienst die freie Auswahl aus unterschiedlichen Angeboten ermöglichte. Gerade deshalb bliebe freilich offen, ob die Einführung eines solchen verpflichtenden Sozialdiensts tatsächlich zu einem signifikanten Anstieg von Wehrwilligen führen würde, zumal dies ja konzeptionell nicht als das eigentliche Ziel dieser Einführung gelten kann. Militärexpertinnen und -experten bezweifeln, ob mit reiner Freiwilligkeit der für die effektive Landesverteidigung erforderliche Aufwuchs verfügbarer Kräfte in der Bundeswehr erreicht werden kann. Gegnerinnen und Gegner einer strikten Wehrpflicht erwarten hingegen, dass eine attraktive(re) Gestaltung des Wehrdienstes in hinreichendem Maße die Bereitschaft junger Menschen steigern werde, sich freiwillig dafür zu entscheiden. Ob das realistisch ist, muss sich zeigen.

4   Fazit

Die (Wieder-)Einführung einer Wehrpflicht ist aus ethischer Sicht also weder unmöglich noch notwendig. Die Wehrpflicht ist einer Freiwilligenarmee aber keineswegs prinzipiell überlegen. Wenn man sich in einem politischen Ermessensprozess dafür oder dagegen entscheidet, dann sollte die Frage ausschlaggebend sein, wie sich angesichts neuer geopolitischer Gefährdungslagen eine auch militärische Verteidigungsbereitschaft am effektivsten gewährleisten lässt. Da freilich die Möglichkeit einer Verweigerung des Dienstes an der Waffe erhalten bleiben muss und zudem der Eingriff in die selbstbestimmte Lebensplanung der von der Wehrpflicht Betroffenen weder unverhältnismäßig sein noch zu einer Benachteiligung gegenüber anderen Gleichaltrigen führen darf, könnte es sich als sinnvoll erweisen, die Wehrpflicht zu integrieren in das (anders begründete) Konzept eines verpflichtenden allgemeinen Sozialdienstes.

Literatur

Bonhoeffer, Dietrich. 1992. *Werke. Bd. 6: Ethik*, hrsg. von von Ilse Tödt, Heinz Eduard Tödt, Ernst Feil und Clifford Green. Gütersloh: Gütersloher Verlagshaus.

BSELK. 2014. *Die Bekenntnisschriften der Evangelisch-Lutherischen Kirche*, hrsg. von Irene Dingel. Göttingen: Vandenhoeck & Ruprecht.

Evangelische Kirche in Deutschland (EKD). 2019. Kirche auf dem Weg der Gerechtigkeit und des Friedens. Kundgebung der 12. Synode der EKD auf ihrer 6. Tagung. https://www.ekd.de/kundgebung-ekd-synode-frieden-2019-51648.htm. Zugegriffen: 15. März 2025.

Luther, Martin. 1897 [1526]. Ob Kriegsleute auch in seligem Stande sein können. In *D. Martin Luthers Werke. WA 19*, 623–662. Weimar: Böhlau.

Maaß, Stefan, Jürgen Stude und Theodor Ziegler (Hrsg.). 2023. Kirche des gerechten Friedens werden. Dokumentation des friedensethischen Prozesses in Baden. https://www.ekiba.de/media/download/variant/355666/broschuere_kirche-des-gerechten-friedens-werden_10_jahre_v4.pdf. Zugegriffen: 15. März 2025.

Oberdorfer, Bernd. 2019. Gottes Faust? Protestantische Positionen zu Krieg und Frieden im historischen Wandel. *Mitteilungen des Instituts für europäische Kulturgeschichte* (25): 83–91.

Ist man – und wenn ja, warum und in welcher Form – verpflichtet, sein Land zu verteidigen? Kann Flucht vor dem Krieg ethisch legitim sein?

Thomas Hoppe

Die nachfolgenden Überlegungen beschränken sich auf die beiden im Titel formulierten ethischen Anfragen und skizzieren einige Gesichtspunkte, die es hierbei zu bedenken gilt. Sie stehen im Kontext einer Diskussion, deren Ergebnis gegenwärtig in mancher Richtung offen erscheint. Mehr als eine grundsätzliche Argumentation ist unter diesen Umständen kaum möglich, doch diese wenigstens soll hier versucht werden.

1   Begründung und Grenzen des Verteidigungsrechts

Für den Fall, dass ein bewaffneter Angriff auf das Territorium eines Staates erfolgt, stellt sich zunächst prinzipiell die Frage, ob und in welchen Grenzen der Angegriffene zu ebenfalls bewaffneter

T. Hoppe (✉)
Helmut-Schmidt-Universität/Universität der Bundeswehr Hamburg,
Hamburg, Deutschland
E-Mail: hoppe@hsu-hh.de

© Der/die Autor(en), exklusiv lizenziert an Springer Fachmedien   119
Wiesbaden GmbH, ein Teil von Springer Nature 2025
I.-J. Werkner (Hrsg.), *Debatten um die Wehrpflicht*, Gerechter
Frieden, https://doi.org/10.1007/978-3-658-48599-3_10

Gegenwehr berechtigt, möglicherweise sogar verpflichtet ist. Es kommt dabei auf den Charakter der durch den Angreifer eingesetzten Gewalt an, also auf die Intentionen, mit denen er verbunden ist, und auf die Mittel, die zur Anwendung kommen.

Dort, wo ein äußerer Gewalteinsatz als Intervention in der Zielsetzung der internationalen Schutzverantwortung (*Responsibility to Protect*) auf die Rettung von unmittelbar an Leib und Leben bedrohten Menschen gerichtet ist und erkennbar die notwendigen Anstrengungen unternommen werden, ihn auf ein Minimum zu beschränken, liegt eine andere moralische Situation vor als im Fall eines Eroberungskrieges. Dieser ist auf die Ausweitung des Herrschaftsbereiches des Angreifers auf Kosten des angegriffenen Staates gerichtet, wobei das Maß an Gewalt eingesetzt wird, das ihm erfolgsnotwendig erscheint, selbst wenn dieses völlig unverhältnismäßig in seinen Auswirkungen auf die Menschen im angegriffenen Gebiet wird.

Üblicherweise werden jedoch auch Angriffskriege mit Argumenten legitimiert, die im weitesten Sinn auf defensive Motive rekurrieren, sodass sich zumindest zu Beginn ihr tatsächlicher Charakter oftmals nicht eindeutig feststellen lässt. Gleichwohl weist dieses Vorgehen auf einen bemerkenswerten Sachverhalt hin: Offene Aggressionskriege sind nicht nur völkerrechtlich geächtet, sondern gelten zugleich aus rechtsethischen Gründen als verwerflich, sodass in der Regel der Versuch unterbleibt, sie in ihrem tatsächlichen Charakter öffentlich zu rechtfertigen. Vielmehr wird auf unterschiedliche Methoden zurückgegriffen, diesen Charakter zu verbergen, und es kommen entsprechende Legitimationsstrategien dafür zur Anwendung.

Artikel 51 der Charta der Vereinten Nationen enthält folgende Formulierung:

> „Diese Charta beeinträchtigt im Falle eines bewaffneten Angriffs gegen ein Mitglied der Vereinten Nationen keineswegs das naturgegebene Recht zur individuellen oder kollektiven Selbstverteidigung, bis der Sicherheitsrat die zur Wahrung des Weltfriedens und der internationalen Sicherheit erforderlichen Maßnahmen getroffen hat".

Das Selbstverteidigungsrecht beruht in seinem Kerngehalt also nicht auf einer vorherigen Positivierung als völkerrechtliche

Norm, die auch rückgängig gemacht werden könnte. Jedoch steht seine Ausübung unter eingrenzenden Bedingungen, die sich – abgesehen vom Zuständigkeitsvorbehalt des Sicherheitsrates – im Wesentlichen auf das ethische Prinzip zurückführen lassen, dass die Anwendung von Gewalt, auch solcher, die in der Verteidigung eingesetzt wird, nicht unverhältnismäßig werden darf. Dieser Grundsatz wird in den Einzelnormen des Humanitären Völkerrechts auf konkrete Anwendungsfälle hin entfaltet und präzisiert.

Das Verteidigungsrecht hat daher einen relativen, nicht einen absoluten, von den praktischen Folgen seiner Ausübung unabhängigen Charakter. In diesem durch rechtsethische Überlegungen eingegrenzten Rahmen kann für die im angegriffenen Staat Verantwortlichen nicht nur das Recht, sondern sogar die Pflicht bestehen, geeignete Verteidigungsmaßnahmen zu ergreifen, um die Gefahren abzuwehren, die sich aus einer Aggression für die physische Sicherheit der Bürgerinnen und Bürger des betroffenen Landes, aber auch für dessen politische Unabhängigkeit und die Gewährleistung der grundlegenden Güter ergeben, die seine Verfassung garantiert.

Allerdings gilt dies nicht für den Fall, dass es gerade diese Grundgüter sind, die durch die Herrschaftsausübung im Innern eines Staates verletzt oder negiert werden, und sich die auswärtige Intervention darauf richtet, diesen Zustand zu beenden. Die Sicherung der Handlungsfreiheit eines Diktators kann nicht das Ziel einer möglichen Verteidigung gegen die Interventen sein, wenn die Verteidigenden sich auf moralische Gründe berufen können wollen. Vielmehr liegen in einer solchen Situation starke Gründe dafür vor, dass eine Verweigerung der Beteiligung am bewaffneten Widerstand gegen die Intervention mehr als nur gerechtfertigt wäre.

2　Solidaritätspflichten in der Gesamtverteidigung

Die Formen, in denen das Verteidigungsrecht, das gegen einen nicht gerechtfertigten äußeren Gewalteinsatz grundsätzlich besteht, ausgeübt wird, können sehr verschieden sein. Der Begriff der Gesamtverteidigung, unter den auch umfangreiche Maßnahmen zum Schutz der Zivilbevölkerung in Kriegssituationen fallen (vgl. BMI 2024), weist bereits darauf hin, dass hier an ein Spektrum von Möglichkeiten zu denken ist, das über die unmittelbare militärische Reaktion auf einen Angriff weit hinausgeht. Ein großer Teil der in diesem Rahmen notwendigen Aktivitäten wird vorzugsweise, wenn nicht gar ausschließlich, durch andere als militärische Kräfte geleistet werden können und müssen – sei es die Sicherstellung des Zugangs zu lebensnotwendigen Gütern aller Art, seien es die vielfältigen Dienste in der Gesundheitsversorgung im Hinblick auf verletzte beziehungsweise ernsthaft erkrankte Personen.

In diesem Kontext gibt es eine grundlegende ethische Verpflichtung zur praktischen Solidarität, die es den Bürgerinnen und Bürgern des angegriffenen Staates gebietet, sich im Rahmen ihrer je individuellen Möglichkeiten an der Wahrnehmung dieser Aufgaben zu beteiligen. Umgekehrt erwarten sie von ihren Mitbürgerinnen und Mitbürgern, dass diese dasselbe tun, ansonsten liefe das Konzept der Gesamtverteidigung de facto ins Leere, wovon auch sie selbst die Leidtragenden wären. Die Orientierung an der Goldenen Regel („Behandle die anderen so, wie du es von ihnen im umgekehrten Fall zu Recht erwarten würdest") fällt hier besonders offensichtlich zusammen mit einer unmittelbar nutzentheoretischen Überlegung.

Zugleich gilt das ethische Axiom „Sollen setzt Können voraus" – niemand kann zu etwas ihm faktisch Unmöglichen verpflichtet sein (*ad impossibile nemo tenetur*). Aufgaben im Dienst der Öffentlichkeit müssen so wahrgenommen werden, dass die Grundsätze der Erforderlichkeit, Geeignetheit und Verhältnismäßigkeit des konkreten Handelns Beachtung finden. Lediglich Aktionsformen, die diesen Grundsätzen Rechnung tragen, sind tatsächlich – und nicht nur ihrem Anspruch nach – als solidarisch zu qualifizieren (Beispielsweise reichen zum Löschen eines Brandes Entschlossenheit und verfügbare Löschmittel nicht aus, man muss auch wissen, wie man sie kompetent benutzt.). Und nur sie lassen auch erwarten, dass man den intendierten Handlungserfolg erreicht, anstatt Folgen zu verursachen, die sich als eher kontraproduktiv erweisen.

Darüber hinaus ist dem Subsidiaritätsprinzip Rechnung zu tragen, von dem her sich nicht zuletzt bestimmt, wie der Grundsatz der Erforderlichkeit zu verstehen ist: Nur Aufgaben, die im Rahmen kleinerer Einheiten nicht hinreichend zu bewältigen sind, sollen an ihnen übergeordnete, wirkmächtigere Einheiten übertragen werden.

Obwohl sich der Aufruf, Solidarität zu zeigen, an alle Bürgerinnen und Bürger richtet, ist daher im konkreten Fall stets nur ein mehr oder minder großer Teil von ihnen in der Lage, ihm im unmittelbar praktischen Tun zu entsprechen. Deswegen kommt es wesentlich darauf an, die Zahl der zu wirksamer Hilfeleistung Befähigten durch Programme zu entsprechend zielgerichteter Vorbereitung und Ausbildung zu erhöhen. Auch in Katastrophensituationen anderer Art, als es Kriege sind, können solche Vorkehrungen viele Leben retten und schützen.

Diese Gesichtspunkte gilt es nicht zuletzt bei der aktuellen Diskussion um eine allgemeine Dienstpflicht und verwandte Konzepte mitzubedenken. Zentral muss dabei das Ziel sein, für wirksames Handeln in der jeweils erforderlichen Art und Weise an möglichst vielen Orten Sorge zu tragen. Ob und wie weit hierzu die Heranziehung einer großen Zahl von Personen auch ohne längere fachliche Ausbildung beitragen kann oder ob Alternativen zur Verfügung stehen, die ein höheres Maß an Effizienz in kürzerer Zeit und dennoch mit hinreichender Breitenwirkung erwarten lassen, bedarf einer sorgfältigen Prüfung.

3 Fliehen oder bleiben? Ethische Aspekte der Entscheidungsfindung

Selbst dann, wenn maximale Vorsorge dafür getroffen wird, die im Voranstehenden entwickelten Grundsätze zu beachten, steht jede kollektive Gewaltanwendung vor dem Problem, wie sie eine ungewollte Eskalation abwenden kann. Vor allem seit den 1980er Jahren schaut man mit großer Aufmerksamkeit auf die tückischen Eigendynamiken der Kriegsführung, die sehr schnell ein Ausmaß an Zerstörung herbeiführen können, das völlig unverhältnismäßig wird. In solchen Situationen kann auch ein unter anderen Bedingungen sinnvolles Handeln zugunsten anderer Menschen jede Aussicht auf Erfolg verlieren.

Menschen, die sich angesichts solcher Entwicklungen zur Flucht entscheiden, um ihr eigenes Leben und das von Menschen, für die sie Verantwortung tragen, zu retten, verdienen daher keinen moralischen Vorwurf. Zwar ist es besonders verdienstvoll, wenn sie auch unter diesen Bedingungen alle noch gegebenen Möglichkeiten ausschöpfen, menschliches Leid durch ihren Beistand wenigstens zu lindern. Doch ist hier die Grenze erreicht zwischen demjenigen, was im strengen Sinn gefordert werden kann, und dem, was darüber hinausgeht – was, jenseits einer solchen Erwartung, Anerkennung und Achtung verdient.

In der Ethik spricht man hier von „supererogatorischen Handlungen", das heißt von „Werken der Übergebühr", die zwar verdienstlich sind (und zu denen deswegen geraten wird, sofern sie nicht im konkreten Fall mit einer verpflichtenden, dringlicheren Norm kollidieren), jedoch nicht in einer allgemein verbindlichen Weise geboten sein können:

„Zu einer supererogatorischen Handlungsweise kann nur die einzelne Person aus freien Stücken, aufgrund einer eigenen Option sich selbst verpflichten […] wer in dieser Weise handelt, verdient besonderes Lob; wer es unterlässt, jedoch keinen Tadel" (Witschen 2004, S. 31 f., 38).

Literatur

Bundesministerium des Innern und für Heimat (BMI). 2024. Rahmenrichtlinien für die Gesamtverteidigung. Beschluss des Bundeskabinetts vom 5. Juni 2024. https://www.bmi.bund.de/SharedDocs/downloads/DE/veroeffentlichungen/themen/sicherheit/RRGV.html. Zugegriffen: 17. März 2025.

Witschen, Dieter. 2004. Zur Bestimmung supererogatorischer Handlungen – Der Beitrag des Thomas von Aquin. *Freiburger Zeitschrift für Philosophie und Theologie* 51: 27–40.

The manufacturer's authorised representative in the EU is Springer
Nature Customer Service Centre GmbH, Europaplatz 3, 69115 Heidelberg,
Germany. If you have any concerns regarding our products, please
contact ProductSafety@springernature.com

Printed and bound by CPI Group (UK) Ltd, Croydon, CR0 4YY
29/04/2026
02099432-0001